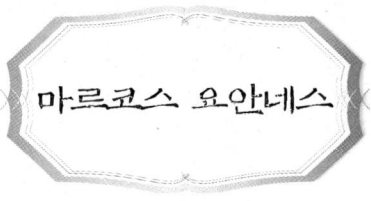

제3권

옮긴이의 말

이민자들의 세계로 시선을 옮긴 고전적 품격의 스토리텔러

하 진은 중국 출신의 미국작가다. 그의 본명은 하 진이 아니라 진쉐페이金雪飛다. 자신의 이름이 외국인들에게 발음하기 어려운 이름이라는 점을 감안하여 하 진이라는 필명(중국어 어순으로는 진하金哈라고 읽는다)을 택한 것이다. 그가 사랑하고 대학을 다녔던 하얼빈의 '하'가 그의 이름이 된 셈이다.

그는 1956년 랴오닝에서 태어나 이십 대 후반까지 중국에서 살다가, 1985년 브랜다이스 대학에서 영문학 대학원 과정을 이수하기 위해 미국으로 건너갔다. 그는 당시만 해도 미국에 살 생각은 없었다. 그런데 1989년에 톈안먼 사태가 발생하면서, 중국 정부가 빈손의 학생들을 무차별적으로 학살하는 걸 보고 '그런 정부를 위해 더 이상 봉사할 수 없다'고 생각하고 미국에 남기로 결심했다. 톈안먼 사태와 그에 대한 중국공산당의 폭력적 대응이 그의 인생행로를 바꿔놓은 것이었다. 그의 미국 생활은 그렇게 시작되었다.

마르코스 요한네스 제3권

초판인쇄 2011년 6월 7일
초판발행 2011년 6월 11일

지은이 김성일
발행인 박경진
펴낸곳 도서출판 진흥

주소 (130-812) 서울특별시 동대문구 신설동 104-8
전화 영업부 2205-5113 편집부 2230-5155
팩스 영업부 2205-5112 편집부 2230-5156
전자우편 publ@jh1004.com
홈페이지 www.jh1004.com
ISBN 978-89-8114-365-7
ISBN 978-89-8114-362-6

정가 / 11,000원

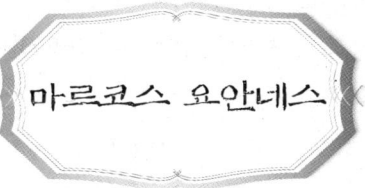

김성일 신작 장편소설

제3권

일러두기

1. 이 소설에 나오는 인명과 지명 중 유대 쪽의 것은 대부분 개역 한글판 성경의 표기를 따랐으나 헬라적 의미가 강한 이름은 헬라어 발음을 따랐음.
(예: 마가 요한 → 마르코스 요안네스)

2. 신약 성경의 원문에서 헬라어로 표기된 이름도 로마적으로 사용된 이름은 로마식으로 표기했음.
(예: 로마 시민권을 가진 파울로스 → 파울루스)

3. 한글 개역 성경에서 편의상 두음 법칙을 썼던 이름은 본래대로 바로잡았음.
(예: 나사로 → 라사로)

4. 이 소설의 소재는 신·구약 성경을 바탕으로 하고, 요세푸스의 '유대고대사' 유세비우스의 '교회사' 그리고 외경 '베드로 행전'과 야고부스 데 보라기네의 '황금전설'을 참고로 했으나, 이미 발표된 기타 공식 자료에 없는 인물이나 사건은 모두 소설의 극적 구성을 위해 사용한 필자의 픽션임.

소설 '마르코스 요안네스' 관련 연표

AD 30	예수 그리스도의 고난과 부활
AD 37	카이우스 황제 즉위
AD 41	클라우디우스 황제 즉위
AD 47-48	파울루스의 1차 전도 여행
AD 49	예루살렘 공회
AD 50-52	파울루스의 2차 전도 여행
AD 53	파울루스의 3차 전도 여행 출발
AD 54	네로 황제 즉위
AD 58	파울루스, 예루살렘에서 체포됨
AD 60	파울루스의 로마 도착
AD 62	야고보의 순교
AD 63	파울루스 석방
AD 64	로마 대화재
AD 67	파울루스 재투옥, 순교
AD 68	페트로스의 순교, 네로 자살, 갈바 황제 즉위
AD 69	오토, 비텔리우스, 베스파시아누스 황제 즉위
AD 70	예루살렘 함락

등장인물 소개

마르코스 요안네스	복음서 '카타 마르콘'의 저자
아폴로스	마르코스의 친구
게메로스	마르코스의 친구
율리아	수리아의 보안대 요원
아레스	아폴로스의 조카
로데	마르코스의 모친 마리아의 양녀
페트로스	나사렛 예수의 제자
파울루스	율법학자에서 회심한 이방 전도자
바나바	마르코스의 외삼촌
루카스	필립포이 출신의 의사
마태오스	나사렛 예수의 제자
요한	나사렛 예수의 제자

마르코스 요안네스

  쇠사슬에 묶여서 포로로 끌려온 이스라엘 백성들이 강제 노역에 시달리고 있던 그 바벨론 땅에서, 하나님이 세상에 보낸 독생자의 놀라운 이야기가 불러 주는 페트로스와 받아 적는 마르코스 사이에서 되살아나고 있었다.
  "바벨론에 잡혀 왔던 사람들은"
  유프라테스 강에서 몸을 씻으며 마르코스가 말했다.
  "70년 만에 돌아갔다죠?"
  그것은 다니엘이 처음 잡혀왔을 때로부터 고레스 왕의 칙령으로 포로의 귀환이 이루어진 때까지를 말하는 것이었다.
  "예레미야 선지자가 그것을 예언했었지."
  "돌아간 제사장들의 자책과 정화가 너무 지나쳤지요."
  이스라엘의 멸망이 율법을 못 지킨 탓이라고 판단한 제사장들은 그동안 생긴 이방인의 아내와 그들에게서 태어난 자식들을 모두 내보내게 했다. 하나님과 사람의 관계에서 사랑이 사라지고 엄격한 율법의 적용과 징계만 있었다.

"그래서 주님이 제사를 완성하신 거야."

페트로스가 불러 주고 마르코스가 받아 적은 예수의 이야기는 이제 양을 잡는 날을 향해 다가가고 있었다.

"무교절이 시작되는 유월절을 이틀 앞두고 있을 때, 대제사장들과 서기관들은 예수를 잡아 죽이려고 그 방도를 찾고 있었다. 그러나 혹시라도 반란이 일어날까 염려하여 명절에는 하지 말자는 쪽으로 의견이 모아졌다."

마르코스의 가슴이 두근거리기 시작했다. 예수와 그 제자들이 그의 집 다락방으로 찾아올 때가 다가오고 있었던 것이다.

"아버지, 라사로의 누이 마리아가 그분의 머리에 나드 향유를 부은 일이 있었다고 들었는데 그건 언제였습니까?"

그러자 페트로스가 갑자기 딴 소리를 했다.

"베다니에도 시몬이라는 사람이 있었는데 그는 문둥이였어."

"네?"

"그의 집에서 식사를 할 때 그 일이 있었지. 한 여자가 매우 값진 나드 향유 한 옥합을 가지고 와서 그것을 깨뜨려 주님의 머리에 부었어."

왜 라사로의 집에서 식사를 하지 않고 문둥이 시몬의 집에서 했는지 궁금했으나 우선 묻고 싶은 것을 먼저 물었다.

"그 여자가 라사로의 누이 마리아였습니까?"

"그냥 여자가…… 라고만 쓰게."

이상한 일이었다. 먼저 라사로를 살려낸 일에 대해서 물었을 때도 그러했고 지금 또 그의 누이 이야기에도 페트로스는 애매한 반응을 보였던 것이다.

"왜요?"

"그 대목은 나중에 요한이 다시 쓸 것이야."

또 요한이 나왔다. 도대체 라사로와 요한 사이에 무슨 일이 있었는데 페트로스가 말하기를 꺼리며 계속 요한에게 미루는지 알 수가 없었다.

"알겠습니다. 그 다음을 말씀해 주시지요."

마르코스는 더 이상 캐묻지 않기로 했다. 그가 알기에 향유 사건은 유월절 이틀 전이 아니라 닷새 전에 있었던 일이었다. 페트로스 역시 그가 더 캐묻기 전에 서둘러 이야기를 마무리했다.

"사람들이 화를 내며 왜 향유를 허비하는가 라고 비난했지. 그걸 300데나리온에 팔아서 가난한 사람들에게 주면 좋지 않겠느냐고. 그러나 주님께서는 가난한 자들은 언제나 너희와 함께 있겠지만 나는 그렇지 않다. 이 여자는 내 몸에 향유를 부어 내 장례를 미리 준비한 것이라고 하셨어."

그리고 페트로스는 예수의 말을 하나 더 보탰다.

"온 천하 어디서든지 복음이 전파되는 곳에는 이 여자의 행한 일도 말하여 저를 기념할 것이다."

거기까지 말하고 페트로스는 다른 이야기로 넘어갔다.

"가롯 유다가 대제사장들에게 가서 돈을 받고 주님을 넘겨주기로 한 것이 바로 그 때였지."

마르코스가 듣기로는 가롯 유다가 받은 돈이 은 30이었다. 그것은 300데나리온에 비하면 10분의 1밖에 안 되는 돈이었다. 마르코스가 잠시 그런 계산을 하고 있는 사이에 페트로스의 이야기는 마르코스의 집으로 접근하고 있었다.

"무교절의 첫날 곧 유월절 양을 잡는 날에 제자들이 주님께 여쭤보았다. 어디에서 유월절 식사를 하시겠습니까?"

잠시 눌러 두었던 마르코스의 호기심이 또 발동했다.

"예루살렘에 가실 때마다 라사로의 집에서 숙식을 하셨으면서 그 날은 왜 제자들이 다른 장소를 찾겠다고 했습니까?"

페트로스가 다시 어정쩡한 대답을 했다.

"그럴만한 사정이 있었다."

그는 이야기를 계속했다.

"주님께서 제자 둘을 보내시며 말씀하셨다. 성 안으로 들어가면 물 한 동이를 가지고 가는 사람을 만날 것이니, 그를 따라가서 집 주인에게 우리 선생님이 제자들과 함께 유월절 식사할 객실이 어디 있느냐고 물으라."

그 말을 들으며 마르코스는 미소를 머금었다. 그날 예수가 보낸 두 제자는 페트로스와 요한이었고, 물 한 동이를 가지고 나가 그들을 기다린 사람이 바로 외삼촌 바나바였다. 그리고 집 주인은 그의 모친 마리아를 말하는 것이었다. 모친은 이미 다락방에 식사할 자리를 준비하고 있었던 것이다.

"날이 저물자 주님은 12제자들과 함께 그 집에 가서 식사를 시작했다. 주님께서는 나와 함께 먹는 너희 중 하나가 나를 팔 것이라고 하셨지. 우리가 모두 주여, 접니까? 하고 물었으나, 나와 함께 그릇에 손을 넣는 자라고만 하셨다."

그리고 예수는 다시 말했다.

"인자는 자기에게 대하여 기록된 대로 가겠지만 인자를 파는 그 사람에게는 화가 있을 것이다. 그는 차라리 나지 않는 것이 자신에게 좋을 뻔하였다."

그리고 예수는 떡과 포도주를 제자들에게 돌렸다.

"주님께서 떡을 집어 축복하시고 떼어 제자들에게 주시며 받아먹으라, 이것이 내 몸이니라 하셨다. 또 잔을 들어 사례하시고 주시며 마시라, 이것은 많은 사람을 위해 내가 흘리는 언약의 피라고 하셨다."

식사가 끝나고 예수는 제자들과 함께 다락방에서 내려왔다. 그리고 모두 함께 감람산으로 갈 때 그가 다시 말했다.

"오늘 밤에 너희가 다 나를 버릴 것이다."

선지자 스가랴가 그 일을 미리 예언한 적이 있었다.

"내가 목자를 치리니 양들이 흩어지리라."

그 때 페트로스가 나서며 말했다.

"다 버릴지라도 저는 버리지 않을 것입니다."

예수는 한 번 더 말했다.

"오늘 밤 닭이 두 번 울기 전에 네가 세 번 나를 부인할 것이다."

그러나 페트로스는 다시 힘을 주어 말했다.

"내가 주와 함께 죽을지언정 주를 부인하지 않을 것입니다."

예수와 그 제자들이 감람산으로 갈 때 마르코스도 그들 가운데 있었다. 그의 모친이 오늘 밤에 뭔가 좋은 일이 있을 것 같다며 따라가 보라고 재촉하여 할 수 없이 맨 몸에 겉옷만 걸친 채 따라나섰던 것이다.

"그런 일이 있었군요."

"당시 너도 우리와 함께 갔었지?"

"도중에 주고받는 말에는 아무런 관심도 없었거든요."

예수는 겟세마네라는 곳에 이르러 제자들에게 내가 기도하는 동안 여기 있으라고 이른 다음 페트로스와 야고보와 요한만 데리고 좀 더 걸었다.

"주님께서는 갑자기 매우 놀라시고 슬퍼하며 말하셨다. 내 마음이 매우 고민하여 죽게 되었으니 너희는 여기 머물러 깨어 있으라, 하시고는 조금 더 나아가 땅에 엎드려 기도하기 시작하셨다."

"예수께서 뭐라고 기도하시던가요?"

"아빠 아버지여, 아버지께는 모든 것이 가능하시니"

어린 아이가 아버지를 부를 때 쓰는 아람어 호칭이 아빠였다.

"이 잔을 내게서 옮기시옵소서."

그 말을 듣고 마르코스는 깜짝 놀랐다. 예수는 그 일을 위해 세상에 왔고 이미 그것을 세 번이나 제자들에게 말하며 다짐하고 있었다. 그러나 막상 그 때가 되자 갑자기 두려워했다는 것이 이해하기 어려웠던 것이다.

"왜 그랬을까요?"

페트로스가 자신의 생각을 말했다.

"나도 처음에는 의아하게 생각했지. 그러나 내 나름대로 궁리해 본 것은 레위기에 나오는 속죄제의 규례였다. 즉 염소 두 마리를 택하여 하나는 하나님께 드리고 하나는 광야의 아사셀에게로 보내라는 것이었어."

"그런데요?"

"속죄의 제물로 아버지께 드려지는 것은 원하는 것이지만 버려지는 것은 두려운 일이었지. 아마도 주님의 고민은 그것이 아니었을까?"

"그래서, 잔을 옮겨달라고만 하셨나요?"

페트로스는 고개를 저었다.

"그러나 나의 뜻대로 마옵시고 아버지의 뜻대로 하옵소서."

그것이 아버지에 대한 아들의 신뢰였다.

"그 다음에는요?"

"주님의 기도가 너무 길어지므로 나는 깜빡 잠이 들었던 것 같다. 잠결에 희미하게 그분의 목소리가 들렸지. 시몬, 자는가…… 단 한 시간도 깨어 있을 수가 없었는가…… 시험에 들지 않게 깨어 있어 기도하라. 마음으로는 원하지만 몸이 너의 뜻대로 되지 않는구나."

"그것으로 끝이었습니까?"

"주님께서 한 번 더 내게 오셔서 뭐라고 하셨던 것 같은데, 너무 피곤해서 무엇을 말씀하시는지 몰랐고 대답도 하지 못했어. 그리고 다시 한참 후에 또 어렴풋이 그분의 음성이 들렸지. 이제는 자고 쉬라, 그만이다."

"그래서요?"

"얼마나 시간이 지났는지 모르겠는데 주님의 음성이 다시 들렸다. 때가 왔도다, 보라. 인자가 죄인의 손에 팔려 간다."

그리고 다시 꿈결처럼 그분의 음성을 들은 것 같았다.

"일어나라, 함께 가자."

그가 황급히 눈을 뜨자 이미 대제사장과 서기관들이 보낸 무리가 검과 몽둥이를 들고 몰려왔다. 가룟 유다가 예수 앞으로 다가셨다.

"선생님."

그렇게 부르며 스승에게 입을 맞추었다. 그것이 신호였다. 무리가 달려들어 예수를 잡으려 하자 곁에 있던 제자 중 하나가 갖고 있던 검을 빼어 대제사장의 종을 쳐서 그 귀를 떨어뜨렸다.

"그 제자가 바로 아버지였지요?"

"그냥 제자 중의 하나라고만 적어라."

"알겠습니다. 그 다음을 더 말씀해 주세요."

"주님께서 자신을 잡으러 온 무리에게 말씀하셨지. 당신들이 강도를 잡는 것 같이 검과 몽둥이를 가지고 나를 잡으러 왔는가? 내가 날마다 당신들과 함께 성전에 있으면서 가르쳤으나 나를 잡지 않았다. 그러나 이렇게 된 것은 성경의 말씀이 이루어지기 위한 것이다."

그리고 페트로스는 한숨을 쉬었다.

"제자들이 다 주님을 버리고 도망했다."

"아버지, 제가 한 가지를 더 써 넣어도 될까요?"

"무엇을?"

"맨몸에 겉옷만 걸친 채 따라왔던 한 젊은이가 무리에게 잡히자 겉옷을 버리고 맨몸으로 도망하였다."

페트로스가 고개를 끄덕였다.

"그러자꾸나. 그 날은 모두가 도망치는 날이었어."

그의 이야기는 다시 대제사장 가야바의 집으로 옮겨졌다.

"나는 주님이 어떻게 되나 보려고 멀찍이서 뒤따라가 가야바의 집 뜰 안까지 들어갔다. 모닥불 곁에 서 있는 경비원들 속에 섞여서 지켜보니 공회 의원들은 주님께서 성전을 헐고 다른 성전을 사흘에 지으리라고 말했다는 것을 트집으로 잡아 그 증거를 찾고 있었다."

"매도 맞으셨다면서요?"

"대제사장이 주님께 네가 그리스도냐고 묻자 주님께서는 그렇다고 대답하셨어. 인자가 권능자의 오른편에 앉은 것과, 하늘 구름을 타고 오는 것을 당신들이 볼 것이라고 하자 대제사장이 자기 옷을 찢었지."

그들은 모두 예수를 사형에 처해야 한다며 침을 뱉고, 주먹과 손바닥으로 그를 때렸다. 그 때 대제사장의 여종 하나가 페트로스를 발견하고 다가와 당신도 나사렛 예수와 함께 있었다고 말하자 그는 부인했다.

"당신이 무슨 말을 하는지 모르겠군."

그가 아래뜰에서 앞뜰로 나갈 때 여종이 다시 거기 서 있는 사람들에게 이 사람도 예수와 같은 패라고 하자 그가 또 말했다.

"나는 아니오."

곁에 서 있던 사람들까지 당신은 갈릴리 사람 같은데 아무래도 예수의 패인 것 같다고 하자 그는 맹세를 하며 말했다.

"나는 당신들이 말하는 그 사람을 알지 못합니다."

바로 그 때 닭이 두 번째 울었다.

"그제야 주님께서 하신 말씀, 즉 닭이 두 번 울기 전에 네가 세 번 나를 부인하리라고 하셨던 말씀이 생각나서 내가 울었다."

그 때의 페트로스뿐 아니라 20년이 지나 그 일을 다시 기억하며 전하는 바벨론의 페트로스도 울었고, 그것을 받아 적는 마르코스도 눈시울을 적셨다.

"다음은 재판 과정이로군요."

그 후에 예수는 모든 사람들이 아는 대로 유대 총독 폰티우스 필라투스에게 넘겨졌고, 총독은 예수에게 사형에 해당하는 죄가 없음을 감지했다. 그는 편파적인 판결을 피하기 위해 유대인의 명절에 그들의 요구대로 죄수 하나를 방면하는 관례를 활용하려 했다.

"지금 감옥에는 민란을 일으켜 살인죄로 체포된 바라바가 있다. 그대들은 바라바의 사면을 원하는가, 아니면 유대인의 왕을 자칭했다는 이 예수의 석방을 바라는가?"

그러나 유대인의 무리는 대제사장과 서기관들의 선동을 따라 바라바를 놓아 주고 예수를 십자가에 못 박으라며 소리쳤다. 총독은 무리가 난동을 일으킬까 염려하여 바라바를 사면하고, 예수는 채찍질을 한 후 십자가에 못 박게 넘겨주었다. 군병들은 예수를 총독의 관정 프래토리온으로 끌고 가 가시관을 엮어 씌우고 채찍질을 한 후에 십자가를 지워 끌고 나갔다.

"구레네의 시몬이 등장할 차례로군요."

예수가 힘들어 여러 번 쓰러지자 로마군이 사람들 속에 섞여 있던 구레네 사람 시몬에게 그의 십자가를 억지로 지게 하여 처형장인 골고다로 끌고 갔다. 예수를 십자가에 못 박은 것은 유월절 아침 제3시였다. 십자가 위에는 유대인의 왕이라는 죄패를 달았다. 그날 다른 두 범죄자도 십자가에 못 박아 하나는 예수의 십자가 왼편에 또 하나는 오른편에 세웠다.

"예수께서 뭐라고 소리를 지르셨다죠?"

사람들의 말에 의하면 제6시에 온 땅이 어두워졌고 제9시 가까이 되어 예수가 크게 소리를 질렀다고 했다.

"엘리 엘리 라마 사박다니."

그것은 아람어로 '나의 하나님, 나의 하나님, 어찌하여 나를 버리셨나이까' 라는 뜻이었다. 예수가 아버지로부터 버림받는 것을 가장 두려워한 것 같다는 페트로스의 생각이 옳았음을 증거하는 대목이었다.

"그렇게 외친 것을 누가 알아들었을까요?"

"요한이 거기 있었거든."

"네? 제자들이 모두 도망쳤는데 요한은 어떻게 그곳에 있었습니까?"

그러자 페트로스는 다시 언급을 피했다.

"그 이유는…… 나중에 요한이 직접 기록할 것이다."

페트로스는 또 나중에 그가 직접 쓸 것이라는 말을 하고 있었다. 마르코스는 어차피 예수의 행적과 말에 대한 기록은 요한이 그 빈자리를 보충하지 않으면 완성될 수 없다는 것을 깨달았다.

"그곳에 여자들도 있었다지요?"

"주님의 모친 마리아가 현장에 계셨고 갈릴리에서부터 주님을 따라온 여인들 곧 막달라의 마리아, 알패오의 아내 마리아, 그리고 세배대의 아내 살로메 등이 그 자리에 있었다고 한다."

"마지막 순간은 어땠다던가요?"

"한 번 더 큰 소리를 지르신 후 운명하셨다고 들었다."

"다른 일은 없었나요?"

"아무런 일도 없었다고 한다. 다만 집행을 지휘했던 백부장이 숨지시는 모습을 지켜보다가 했다는 말은 사람들의 입을 타고 전해졌지."

"뭐라고 했는데요?"

"이 사람은 정말로 하나님의 아들이었구나."

예수를 그리스도라고 했던 페트로스의 고백은 십자가에서 그가 숨지는 순간에 다시 백부장의 그 고백으로 이어진 것이었다.

"예수께서 운명하실 때 성소의 휘장이 찢어졌다지요?"

성전 안의 지성소는 몸과 마음을 정결하게 한 대제사장만 들어갈 수 있는 곳이었고, 그 경계는 휘장으로 구분되어 있었다.

"주님께서 운명하실 때 그 휘장이 위로부터 아래까지 찢어졌어."

"대제사장의 제도를 폐지한다는 뜻일까요?"

"믿는 자는 누구나 하나님을 만날 수 있다는 뜻이겠지."

"아리마대 요셉의 이야기가 있더군요."

"안식일 전날이기 때문에 시신을 십자가에 오래 둘 수가 없었거든."

날이 저물자 산헤드린 공회 의원인 아리마대의 요셉이 필라투스 총독에게 들어가 주님의 시신을 내달라고 요청했다. 총독이 백부장을 불러 사망을 확인하고 허락하자 그는 시신을 내려 세마포로 싸고 자기 가문의 무덤에 안치했다.

"예수께서 부활하던 날은 어땠습니까?"

"안식일 다음날이었어. 나와 모든 제자들은 너의 집 다락방에 숨어 있었지. 골고다까지 따라갔던 막달라의 마리아, 알패오의 아내 마리아, 그리고 세배대의 아내 마리아가 주님의 시신에 바를 향품을 준비해 아침 일찍이 무덤으로 갔는데."

"그래서요?"

"얼마 후에 막달라 마리아가 헐떡이며 돌아왔어."

"뭐라고 하던가요?"

"여자들이 갔을 때 무덤을 막은 돌은 굴려져 있었고, 무덤 안을 보니 흰 옷을 입은 한 젊은이가 말하기를 놀라지 말라, 십자가에 못박힌 나사렛 예수를 찾느냐? 그가 살아나셨고 여기 안 계시다고 했다는 거야."

그 젊은이는 예수의 제자들과 페트로스에게 가서 전하라며, 예수께서 먼저 갈릴리로 가셨으니 거기서 그분을 만나라고 했다. 그리고 여자들이 놀라서 달아난 후에 혼자 남아 있던 막달라의 마리아는 살아나신 예수를 직접 만났다고 했다. 그러나 제자들은 믿을 수가 없었다.

"나와 요한이 일어나 무덤으로 달려갔으나 빈 무덤만 보고 돌아왔어."

"그리고 엠마오로 가는 길에서도 나타나셨지요?"

"네가 아는 대로 두 사람이 주님과 만나 식사를 함께 했지."

그러나 제자들은 예수를 만난 두 사람이 돌아와서 그 일을 말했을 때에도 역시 믿지 못했고, 그들이 음식을 먹을 때에 예수가 직접 나타났는데도 자기들의 눈을 의심했다. 예수는 그들의 믿음 없는 것과 굳은 마음을 꾸짖었다.

"갈릴리에 가서 다시 그분을 만나셨다고 하셨는데."

페트로스가 고개를 끄덕였다.

"그것도 요한이 쓰게 될 것이다."

그는 또 요한에게 미루며 그가 쓸 부분을 남겨 두려 했다.

"제자들에게 당부하신 말씀은?"

그가 예수의 당부를 외우듯이 들려주었다.

"너희는 온 천하에 다니며 만민에게 복음을 전파하라. 믿고 세례를 받는 사람은 구원을 얻을 것이나 믿지 않는 사람은 심판을 받을 것이다."

그리고 예수는 제자들을 격려하며 보장했다.

"믿는 자들에게는 표적이 따를 것이다. 곧 그들이 내 이름으로 귀신을 쫓아낼 것이며, 새 방언을 말하며, 뱀을 집으며, 무슨 독을 마실지라도 해를 받지 아니하며, 병든 사람에게 손을 얹으면 나을 것이다."

거기까지 다 말하고 나서 페트로스는 고개를 들어 허리를 폈다. 그리고 요단강과 갈릴리 호수에서부터 시작하여 골고다까지 그리고 유대와 사마리아와 북방이 모든 땅과 바벨론에 이르기까지 그가 한결같이 사랑하며 동행한 분에 관한 긴 진술을 한 문장으로 마감했다.

"주 예수께서 말씀을 마치시고 승천하여 하나님 오른편에 앉으셨다."

페트로스로부터 받아 적은 기록을 마르코스는 다시 살펴보며 점검했고 페트로스가 그것을 감수했다.

"필사본을 몇 개나 만들까요?"

"우선 하나를 요한에게 전해 주어야 한다."

"그렇게 하겠습니다. 그리고 레위 사도는 어떨까요?"

페트로스가 고개를 끄덕였다.

"그가 본래 레위 지파 출신인데다 세관에서 일을 했기 때문에 무엇이든 상세하고 치밀하게 적어 두는 습관이 몸에 배어 있거든. 내 지식이 짧아 미처 생각하지 못한 부분을 그가 채워 줄 수 있을 거야."

"그리고 제 생각으로는……"

"왜?"

"이번 기록에 마리아님의 잉태와 탄생에 관한 것이 빠져 있습니다. 의사 루카스가 로도스 섬에서 마리아님을 만나 오랫동안 함께 있었다고 하니 그에게도 사본을 전해 주면 좋은 결과가 있을 것 같은데요."

"의사들에게는 본래 모든 일을 상세히 살피는 재능이 있지."

페트로스가 불러준 내용을 받아 적는 일도 어려웠으나, 그것을 필사하여 여러 개의 사본을 만드는 일도 쉽지 않았다. 그가 여러 날을 걸려 여덟 권의 필사본을 완성했을 때 페트로스가 쓰고 남은 파피루스 종이를 보며 말했다.

"종이가 많이 남았군."

"나사렛 예수의 기록이 꽤 길어질 듯해서 넉넉하게 준비했는데 아버지께서 간결하게 잘 불러 주셔서 종이가 남았네요."

페트로스가 그를 잠시 바라보다가 말했다.

"마르코스, 내가 한 가지 더 부탁하고 싶은 것이 있는데."

"말씀하세요."

"내가 6년 전에 아그립바의 박해를 피해 다대오, 시몬과 함께 예루살렘을 떠나 먼저 북부 지역의 여러 곳을 다니며 전도하여 가는 곳마다 교회를 세우게 된 것은 그 이유가 있지."

"그 때 세바스테까지는 제가 모셨지요."

"알다시피 20년 전 주님이 승천하신 이후 형제들이 너의 집 다락방에서 모여 기도할 때에 성령께서 강림하시고 그들이 뛰쳐나가 주님이 그리스도이심과 그의 부활을 증거했지. 그 때 믿고 세례를 받은 사람들 중에는 특히 파르티아, 메디아, 엘람, 메소포타미아, 갑파도키아, 폰투스와 아시아 등에서 온 사람들이 많았어."

"그렇다고 들었습니다."

"그들이 다시 본국으로 돌아가 각 지역에서 자기들끼리 교제하며 예배를 드리고 있었기 때문에 내가 찾아가자 급속히 교회가 성장했던 거야."

"주님께서 준비하셨군요."

"그러나 각 교회는 그 동안에도 많은 어려움을 겪어 왔다. 이방신을 섬기는 자들의 박해와 유대인의 훼방은 물론이고 각지에서 큰 세력을 이루고 있는 마술사들의 조직에서도 믿는 형제들에게 행패가 말로 다할 수 없었다."

"특히 마술사들의 계략에 주의해야 할 것 같더군요."

"그렇다. 그들은 자신들이 꾸며낸 속임수를 우리 형제들이 성령의 역사로 나타내는 표적과 동일한 것으로 선전하여 사람들을 혼란스럽게 만드는 거야. 앞으로 마술사의 조직은 교회의 가장 큰 적이 될 것이고, 주님께서 말씀하신 가짜 그리스도가 그들 가운데서 나오게 될 것이다."

티아나의 아폴로니오스도 그랬고 그의 제자 엘루마와 시몬도 마찬가지였다. 특히 시몬은 마구스보다 상쿠스, 즉 거룩한 자로 일컬어지기를 원했다.

"그럴 것 같군요."

"내가 교회들을 자주 순회하며 박해당하는 형제들을 위로하고 격려해야 하는데 그렇게 하지 못하고 있거든. 지난번 할례 논쟁 때도 파울루스에게 갈라티아 지역의 형제들이 미혹되지 않도록 편지를 보내달라고 부탁했는데."

"아, 파울루스님에게서 그 편지의 필사본들을 받아 이드란 상회의 판매망을 통해 남부와 북부의 갈라티아 그리고 그분과 아버지께서 개척한 모든 교회에 배송한 적이 있습니다."

"그래서 말인데……"

페트로스가 하려던 말을 꺼냈다.

"나도 북부 지역에 내가 세운 교회들에게 꼭 일러주고 싶은 말과 당부를 편지로 써서 보내면 좋지 않을까?"

어부 출신인 페트로스가 20년 전에 성령을 받은 후로 말의 능력은 탁월해졌으나 아직 글에는 자신이 없었던 것이다. 불러 주는 이야기를 마르코스가 잘 받아 써내는 것을 보고 한 번 더 그 솜씨의 덕을 보고 싶었던 것이다.

마르코스가 흔쾌하게 대답했다.

"아버지가 말씀하시면 아들은 순종해야지요."

마르코스 요안네스

마르코스가 예루살렘에서 태어나고 자라는 동안 그의 부친 이드란은 늘 장사 때문에 알렉산드리아에 가 있었다. 다른 아이들처럼 아버지와 함께 공차기를 해본 적도 없고, 함께 목욕을 하거나 대화를 해본 적도 없었다. 그러다가 14살이 되었을 때 알렉산드리아에서 돌아온 아버지의 시신과 만났던 것이다.

"제 아버지와는 함께 목욕을 해본 적이 없었지요."

유프라테스 강에서 페트로스와 함께 목욕을 하며 그는 어렸을 때 못해 본 것을 영적인 아버지가 되어 준 페트로스와의 기억으로 부지런히 채워 넣고 있었다.

"나도 너와 함께 일하며 좋은 시간을 가졌어."

"주님께서 준비하셨던 것 같습니다."

페트로스와의 정은 그의 편지를 대필하며 더욱 깊어졌다.

"자, 그럼 시작해 볼까?"

"제 말대로 서문을 먼저 써야 합니다."

"알겠다."

그는 잠시 음성을 가다듬더니 편지 내용을 불러 주기 시작했다.

"예수 그리스도의 사도 페트로스는 폰투스, 갈라티아, 갑파도키아, 아시아와 비투니아에서 나그네로 살아가는 여러분께 이 편지를 씁니다."

그의 서문은 좀 더 길어졌다.

"여러분은 하나님 아버지께서 미리 세우신 계획에 따라 택함을 받았고 성령이 거룩하게 하심으로 예수 그리스도께 순종하며 그분의 피로 거룩하게 된 형제들입니다. 은혜와 평강이 충만하시기를 바랍니다."

그의 관심은 우선 시련을 당할 때의 인내였다.

"시련을 당하면 먼저 기뻐하십시오. 시련을 겪을 때의 근심은 잠깐이나 그로 인해 믿음은 더 순전하게 됩니다. 없어질 금도 불로 연단을 하거니와, 시련으로 순전하게 된 여러분의 믿음은 그보다 더 귀하여 예수 그리스도께서 오실 때에 칭찬과 영광과 존귀를 얻게 할 것입니다."

그 모든 과정도 예수 그리스도의 피로 산 선물이었다.

"여러분은 조상들로부터 물려받은 헛된 생활에서 벗어났습니다. 그것은 은이나 금 같이 없어질 것으로 된 것이 아닙니다. 오직 어린 양 같이 흠도 없고 티도 없는 예수 그리스도의 고귀한 피로 얻은 것입니다."

페트로스는 다시 이사야서를 인용했다.

보라, 내가 귀중한 돌을 택하여 시온의 모퉁잇돌로 삼았으니 저를 믿는 자는 부끄러움을 당하지 아니하리라.

그것은 느부갓네살 왕이 꿈에 본 신상을 부수고 태산을 이룬 돌이었다. 믿는 자에게는 그 돌이 보배로운 모퉁잇돌로 되었으나, 믿지 않는 자에게는 건축자가 버린 돌이었고, 그들이 달려가다 부딪히는 돌이 되고, 걸려서 넘어지게 하는 바위가 되었던 것이다. 페트로스는 보배로운 산 돌과 연결되기를 권했다.

"사람에게는 버려졌으나 하나님께 택함을 받은 산 돌이신 예수 그리스도와 하나가 되십시오. 여러분도 신령한 집을 짓는데 쓰이는 산 돌이 되고, 거룩한 제사장이 되어 하나님이 기쁘게 받으시는 제사를 드리십시오."

지성소의 휘장이 찢어져서 믿는 자는 다 제사장이 된 것이었다.

"여러분은 택하신 족속이고, 왕 같은 제사장들이며, 거룩한 나라이며, 하나님의 소유가 된 백성입니다. 이는 여러분을 어두운 데서 불러내 그의 놀라운 빛 가운데로 들어가게 하신 분의 아름다운 사랑을 선포하기 위한 것입니다."

그는 하나님처럼 선하게 살 것을 권고했다.

"이방인들 가운데서 여러분은 선하게 사십시오. 비방하던 사람들이 여러분의 선한 행실을 보고 하나님께 영광을 돌릴 것입니다. 사람이 세운 제도를 따르십시오. 사람이 세운 제도들도 표면상으로는 악한 자를 징벌하고 선한 자를 포상한다는 명분을 가지고 있기 때문입니다."

"사람이 만든 제도가 다 공정을 표방하지만"

받아쓰던 마르코스가 물었다.

"실제로 세상에서 선하게 살다 보면 분하고 억울한 일도 있는데요."

"그래도 선하신 하나님을 생각하며 참아야지."

페트로스는 그 다음을 불러 주었다.

"선을 행함으로 고난을 받고 참으면 하나님 앞에 아름다운 것입니다. 이를 위해 여러분이 부르심을 받았습니다. 그리스도께서도 여러분을 위해 고난을 받으심으로 본을 끼쳐 그 자취를 따라오게 하셨습니다."

페트로스는 이어 가정과 교회에도 같은 모형을 제시했다. 아내는 남편에게 순종하고 남편은 아내를 아낄 것이며, 젊은이는 장로들에게 순종하며 장로들은 주장하는 자세를 하지 말고 양무리의 본이 되라는 것이었다.

"그리하면 장차 목자장께서 나타나실 때에 결코 시들지 않는 영광의 면류관을 얻게 될 것입니다."

그는 마지막 때에 대비할 것도 당부했다.

"만물의 마지막이 가까웠으니 그러므로 여러분은 정신을 차리고 마음을 가다듬어 기도하시기 바랍니다. 무엇보다도 서로 열심히 사랑하십시오. 사랑은 많은 허물을 덮을 수 있습니다."

그리고 전선의 사령관답게 사탄과의 전쟁을 선포했다.

"여러분의 염려를 다 주님께 맡기십시오. 그분께서 여러분을 돌보고 계십니다. 정신을 차려야 합니다. 깨어 있어야 합니다. 여러분의 원수인 마귀가 우는 사자처럼 두루 다니며 삼킬 자를 찾고 있기 때문입니다."

그는 광장에서 아폴로니오스의 사자와 마주섰던 목자였다.

"여러분은 믿음을 굳게 하여 마귀와 싸우십시오. 세상 모든 곳에서 일하고 있는 여러분의 형제들도 같은 고난을 당하고 있습니다."

그는 다시 형제들을 격려했다.

"그리스도 안에서 여러분을 부르시고 자기의 영원한 영광에 들어가게 하신 분이 잠시 고난을 받은 여러분을 친히 완전하게 하시며, 굳건하게 하시며, 강하게 하시며, 흔들리지 않게 하실 것입니다. 권세가 영원토록 오직 하나님 그분께만 있을 것입니다. 아멘."

편지를 마무리하며 페트로스는 모든 교회에 인사를 보냈다.

"내가 신실한 형제로 아는 실루아노스 편에 이 편지를 보내기 위해서 간단히 썼습니다. 나는 이 글로 하나님의 참된 은혜를 증거했습니다."

실루아노스는 아멜 대장의 부관이었다.

"이드란 상회의 판매망을 통해서 발송해도 되는데요."

페트로스가 고개를 저었다.

"아멜 경호대장에게 이미 부탁을 해 놓았어. 실루아노스 편에 보내는 것이 훨씬 안전하고 또 그가 받는 쪽의 형제들과 만나서 교제를 나눌 수도 있거든."

그는 다시 인사말을 더 첨가했다.

"여려분과 함께 택하심을 받은 바벨론의 교회가 여러분에게 안부를 전하고, 내 아들 마르코스도 여러분에게 문안합니다. 여러분도 사랑의 입맞춤으로 늘 서로 문안하십시오. 그리스도 안에 있는 여러분 모두에게 평강이 있기를 바랍니다."

그는 아들이 된 마크로스를 그들에게 소개한 것이었다.

"다 되었습니까?"

페트로스가 고개를 끄덕이며 웃었다.

"편지를 받아보고 모두들 놀랄 거야. 페트로스가 말만 잘 하는 줄 알았더니 편지도 잘 쓴다고 말이야."

"놀랄 일이 더 있을 것 같군요."

"무엇이?"

"언제 마르코스라는 아들을 두었는지 모두들 놀라지 않겠습니까?"

"놀라지 않을 거야."

"네?"

"하나님께서 독생자를 보냈을 때에도 놀란 사람이 없었거든."

"아버지와 아들, 그 관계 속에는 비밀이 많군요."

"늘 속상하신 하나님께도 혹시 낙이 있다면 바로 그런 것이겠지."

교회들에게 보내는 페트로스의 편지를 다 받아 적고나서 마르코스는 다시 편지의 사본들을 부지런히 필사하기 시작했다.

마르코스 요안네스

아멜의 부관 실루아노스가 페트로스의 편지를 폰투스, 갈라티아, 갑파도키아, 아시아와 비투니아의 모든 교회들에게 전하고 있는 동안 마르코스는 이드란 상회의 바벨론 지점 개설을 준비하고 있었다.

"준비는 잘 되고 있습니까?"

총독궁의 아멜 경호대장이 한 젊은이와 함께 들어섰다.

"그럼요. 좋은 장소를 허락해 주셔서 감사합니다."

아멜은 공중 정원과 나부의 신전탑 사이의 요지에 지점을 개설할 수 있도록 모든 허가를 내 주었던 것이다. 사무원으로 미리 채용한 이디나가 소향차를 내오자 아멜 대장이 말했다.

"실루아노스는 다음 달이면 돌아올 것입니다."

"그렇게 빨리요?"

"그 사람이 워낙 민첩한데다가 대표님께서 충분한 경비를 주셨기 때문에 가는 곳마다 말을 바꿔 탈 테니까요."

실루아노스는 페트로스의 편지를 전하는 것 외에 또 하나의 중요한 임무를 띠고 떠났다. 그가 가는 모든 지역의 시장 조사였다. 마르코스는 아멜 대장이 추천한 실루아노스를 이드란 상회의 바벨론 지점장으로 내정하고 있었다.

"아, 이 사람은 에리바입니다."

아멜은 데리고 온 젊은이를 소개했다.

"실루아노스의 후임으로 나를 도와 줄 사람이죠."

임무를 마치고 돌아오면 실루아노스는 경호대장의 부관을 그만두고 이드란 상회의 지점을 맡게 되어 있었던 것이다. 마르코스가 에리바와 인사를 나누고 나서 아멜에게 물었다.

"아폴로니오스의 조직은 어떻게 되었습니까?"

"그의 제자 12명 중 다미스를 비롯한 11명은 아시다시피 살인미수와 사기죄로 잡혀 지금 감옥에 들어가 있지요."

"12명 중 11명이라구요?"

"아폴로니오스는 철저하게 나사렛 예수를 모방하려고 했거든요. 그가 지명한 핵심 제자는 12명이었습니다. 그 중 엘루마라는 자는 알렉산드리아로 갔다가 지금은 키프로스의 파포스에 있는데 눈이 멀었다고 하더군요."

"엘루마……"

"아는 사람입니까?"

"네, 엘루마와 그의 제자 시몬을 본 적이 있습니다."

아멜도 그 시몬을 알고 있었다.

"그 시몬 마구스는 얼마 전까지 에메스 왕국에 있었지요."

"얼마 전까지라면, 지금은 거기 없습니까?"

"떠난 것만 아는데 어디로 갔는지는 아직 파악되지 않았습니다."

 마술사 시몬이 에메스 왕국을 떠났다면 그가 목적한 것이 달성되었음을 의미하는 것이었다.
 "아폴로니오스의 제자 11명 외에 다른 자들은 어떻게 되었습니까?"
 "그의 제자 12명은 또 5명씩의 부하를 거느리고 있었지요."
 "그럼 모두 72명이로군요."
 제자의 수를 12명에서 다시 72명으로 확대한 것도 역시 나사렛 예수의 전례를 모방한 것이었다. 티아나의 아폴로니오스 역시 나사렛 예수를 모방한 가짜 메시야로 행세하려 했던 것이 틀림없었다.
 "그들은 다 도주했습니까?"
 "일부는 잡혔으나 대부분 도망쳤지요."
 "그들이 어디로 갔을까요?"
 "상당수가 안티오키아로 간 것 같습니다."
 "안티오키아라면……"
 "시몬 마구스의 추종자인 메난더가 활동하고 있는 곳이지요."
 아폴로니오스가 사자에게 물어뜯겼고 엘루마는 소경이 되었으나 그들의 조직이 다 붕괴된 것이 아니었다. 시몬 마구스가 여러 곳으로 다니며 세력을 확장하고 있는데다가 안티오키아의 메난더도 역시 만만한 인물이 아니었다.
 "시몬의 추종자 중에 하닷이라는 자도 있더군요."
 "하닷……"
 아멜의 정보 수첩에는 그도 역시 들어 있었다.

"세바스테에 있던 자인데 지금은 에페소스로 갔다고 합니다."
"마술사들의 동향을 꽤 많이 파악하고 계시는군요."
아멜이 목소리를 조금 낮추었다.
"대표님도 말씀하신 적이 있습니다만, 앞으로 크리스티아누스의 가장 큰 적은 로마인이나 헬라인도 아니고, 유대인도 아니고, 학자나 군인도 아니고, 바로 마술 집단이 될 것입니다. 크리스티아누스가 전도하는 대상도 사람의 영혼이고, 그들이 미혹하려는 대상 역시 사람의 영혼이기 때문입니다."

마르코스 요안네스

　페트로스를 비롯한 고센 마을의 크리스티아누스들이 회당 앞에 모여 있었다. 편지 전달을 마치고 돌아와 총독궁 경호대의 부관을 사임하고 이드란 상회의 지점장이 된 실루아노스도 있었고 아멜 경호대장과 그의 새 부관 에리바도 나와 있었다. 마르코스가 페트로스에게 물었다.
　"아버지는 바벨론에 더 계실 건가요?"
　페트로스가 빙그레 웃었다.
　"조금 더 있다가 페르시아로 들어갈 예정이다."
　페르시아의 수산궁은 다니엘이 만년을 보낸 곳이었고 20년 전 마르코스의 다락방에서 성령 강림이 있었던 때 예수의 부활을 증거하는 제자들의 말을 듣고 세례를 받은 사람들 중에는 메디아와 엘람에서 온 사람들도 있었다. 그들이 모두 페르시아 거주자들이었던 것이다.
　"요한과 레위 두 분을 꼭 찾아뵙겠습니다."
　"예루살렘에 가거든 야고보님과 베다니의 형제들에게 안부를 전하거라."

"언제 다시 뵐 수 있을지 모르겠네요."

"아버지와 아들은 어디서든지 다시 만난다."

"건강하십시오."

"주님께서 너를 지켜주시기 바란다."

마르코스는 아멜의 손을 잡았다.

"큰 도움을 받았습니다."

"별말씀을요. 내 조카 아리오크를 잘 부탁합니다."

아멜의 조카 아리오크를 그가 데리고 가기로 했던 것이다. 마르코스는 아멜의 새 부관 에리바와도 인사를 나누고, 실루아노스의 어깨를 잡았다.

"지점을 잘 부탁하네."

"최고의 지점을 만들겠습니다."

그는 다시 고센 회당의 형제들을 둘러보았다.

"지난날 선지자 다니엘이 와 있던 곳에서 뜻 깊은 시간을 보냈습니다. 바벨론이 본래 신의 문을 의미한다고 하는데 이곳이 정말 하나님의 문이 될 수 있도록 힘써 주십시오. 늘 여러분을 위해 기도하겠습니다."

그들도 마음을 모아 작별의 인사를 했다.

"주님의 평강이 함께 하시기를."

마르코스는 페트로스와 한 번 더 포옹을 했다.

"샬롬."

"잘 가거라."

인사를 다 끝내고 마르코스는 아리오크를 돌아보았다.

"아리오크, 준비가 다 되었느냐?"
"네, 대표님."
아리오크는 두 필의 말을 대기시켜 놓고 있었다.
"자, 올라타거라."
그들이 말에 올라 발로 힘차게 배를 차자, 두 필의 말이 목을 길게 뻗으며 크게 울더니 발굽으로 땅을 박차며 달리기 시작했다. 바벨론에 끌려와서 살던 유다 사람들이 페르시아 왕 고레스의 칙령으로 해방되어 돌아갈 때에는 마리와 다메섹 길로 우회하지 않았다. 한시라도 더 빨리 가기 위해 선지자 이사야가 적어 놓은 그 사막의 지름길을 달려갔던 것이다.

    너희는 이전 일을 기억하지 말며, 옛날 일을 생각하지 말라
    보라, 내가 새 일을 행하리니 이제 나타낼 것이라
    내가 광야에 길을, 사막에 강을 내리라

마르코스와 아리오크도 바로 그 사막길을 따라 질풍같이 달리고 있었다.

마르코스 요안네스

　이레를 꼬박 달려 랍바 암몬에 도착한 마르코스와 아리오크는 벧아바라에서 요단강을 건넜고 여리고에서 일박을 한 다음 베다니로 올라갔다. 나사렛 예수의 아우 야고보와 시몬 형제가 나와 그를 맞았고 빌립, 안드레, 레위 등 사도들과 니고데모를 비롯한 유대인 장로들, 그리고 형제들을 보살피는 집사들과 공방의 수공예품 생산을 감독하고 있던 삭개우스까지 모두 나왔다.
　"바벨론에서 오는 길이라고?"
　"그렇습니다. 페트로스님과 여러 날을 함께 보냈습니다."
　그는 데리고 온 아리오크를 인사시켰다.
　"아 아이의 이름은 아리오크이고 느부갓네살 왕의 시위대 장관이었던 아리오크의 후손입니다."
　"이 아이가 아리오크의 후손이라고?"
　"네, 당시의 시위대 장관 아리오크는 왕의 꿈을 해석하는 다니엘을 보고 유대교로 개종했고 그의 자손들은 지금 다 크리스티아누스가 되었습니다."

"참으로 주님께서 하시는 일은 오묘하군."
"이곳의 형편은 어떻습니까?"
"기근이 아직 계속되고 있으나 우리 형제들은 공방의 생산으로 형편이 좀 나은 편이지. 그러나 큰 문제는 로마 쪽에서 일어나고 있어."
"로마라니요?"
"클라우디우스 황제가 유대인 추방령을 내렸다네. 로마에서 모든 유대인을 추방하라는 칙령이지."
"뭐라구요? 그는 자신이 황제가 되는 데 공을 세운 아그립바 1세를 총애하여 유대인에 호의적이지 않습니까? 뿐만 아니라 새 황후 아그리피나도 유대인과 가깝다고 들었는데요."
"바로 그것이 문제라네."
"네?"
"말은 유대인 추방령인데 실제로 유대인들은 그대로 있고, 유대인이면서 크리스티아누스인 형제들만 박해를 당하고 있어. 유대인들이 아그리피나 황후와 짜고 유대인 크리스티아누스를 유대인 폭동의 주동자로 몰고 있기 때문이지."
마르코스가 눈을 크게 떴다. 로마에는 이미 유대교에서 개종한 유대인 형제들이 있었고 구레네의 시몬과 그의 두 아들 알렉산더와 루포를 비롯해 안티오키아의 형제들이 많이 들어가 있었던 것이다.
"그건 심각한 문제로군요."
상황이 확대되면 모든 속주의 크리스티아누스가 박해를 당할 수도 있었다.

"로마 교회를 이끌고 있는 누미토르 암블리아와 스타쿠스 행정관 같은 로마인 형제들이 유대인 크리스티아누스를 보호하기 위해 애를 쓰고 있지만 당분간은 어려운 시기를 보내야 할 것 같네."

"상황을 기민하게 살펴야 할 것 같습니다."

로마가 그렇게 되고 있다면 마르코스가 은밀하게 벌이고 있는 베네토의 매립 공사에도 영향을 미칠 것이었다. 라벤나 군단의 코넬리우스 장군이 신분을 감추고 들어간 나사렛 사람들을 보호해 주고 있기는 하나 안심할 수는 없었다. 마르코스는 일단 바벨론에서 있었던 일을 보고하기 시작했다.

"바벨론에 마술사 조직의 거물인 아폴로니오스라는 자가 있었습니다."

야고보가 알고 있다는 듯 말했다.

"아레스를 통해 대강은 들었는데 어떻게 된 것인가?"

마르코스는 어린 아리오크가 아폴로니오스의 속임수를 폭로한 일과 페트로스가 나부 광장에서 사자와 마주 섰던 일, 그리고 총독궁 경호대장의 지휘로 아폴로니오스의 추종자들이 잡힌 경위를 다 설명했다.

"그러나 모든 나라에서 마술사들의 세력은 점점 커지고 있습니다. 앞으로 그들이 유대인이나 헬라인보다 더 무서운 교회의 대적이 될 것 같습니다. 아폴로니오스의 마술은 주님께서 보여 주셨던 기적을 의도적으로 모방했고, 12명의 제자와 72명의 확대 조직을 움직이며 메시야 행세를 하고 있었습니다."

"우리가 사람의 영혼을 상대로 전도하듯이 그들도 사람의 영혼을 사냥하고 있다는 말이로군."

"그렇습니다."

"앞으로는 말씀을 가르치는 기준이 필요하겠어."

마르코스는 바벨론에서 페트로스와 했던 일을 말하려다가 말을 바꾸었다.

"실은 페트로스님께 사도들이 생존해 계시는 동안 주님의 행적과 말씀을 기록해 놓는 일이 필요하다고 말씀을 드렸는데."

"그래서?"

그 일에 대해서는 야고보도 평소에 주장해온 바였다. 야고보 자신도 형님 되시는 예수를 따라다니지 않아 모두 들어서 배워야 했던 것이다.

"페트로스님은 요한 사도께서 그 일에 나서야 한다고 말씀하시더군요."

그렇게 말하면서 마르코스는 빌립과 안드레 그리고 레위 등 사도들의 표정을 살폈다. 그들도 그 말에 동의하는 듯 고개를 끄덕이고 있었다. 무엇인지는 모르나 사도 요한이 문제를 해결할 열쇠를 지니고 있음에 틀림없었다. 야고보가 그들을 둘러보다가 화제를 바꾸었다.

"바벨론의 교회는 어떻던가?"

"일단 아폴로니오스의 조직이 붕괴된 후 더 활발한 전도를 하고 있으며 백성들과 관료와 상인들 가운데 세례 받은 자가 늘고 있습니다."

"다행이로군."

"페트로스님은 곧 페르시아 쪽으로 들어갈 것이라고 하셨습니다."

"지난번에도 그런 말을 한 적이 있었지."

마르코스는 다시 이드란 상회의 보고 사항을 꺼냈다.

"저희 이드란 상회는 바벨론에 지점을 개설했습니다. 폰투스, 아디아베네, 파르디아와 페르시아 시장까지 그곳에서 관장하게 될 것입니다."

"베네토의 공사는 어찌 되고 있지?"

"클라우디우스 황제의 유대인 추방령이 어떻게 작용할지 주의해야 되겠습니다만 아직까지는 순조롭게 진행되고 있다는 소식입니다. 2년 후면 예정대로 이주를 시작하고 7년 후부터 본격화하여 12년 후에는 이주를 완료할 계획입니다."

마르코스가 삭개우스를 보며 말했다.

"내년 쯤에는 삭개우스 선생님께서 현지를 한번 다녀오셔야 할 것 같습니다. 공방의 생산 설비는 물론이고 이주한 가족들의 생활에 필요한 편의 시설도 규모와 배치를 미리 구상해 두어야 할 것입니다."

삭개우스가 고개를 끄덕였다.

"시행착오를 줄이려면 그렇게 해야지."

"배편이 마련되면 제가 연락을 드리겠습니다."

"알겠네."

사도들과 장로들, 집사들에게 보고하는 일을 다 끝내고 나서 함께 식사를 할 때에 마르코스는 일부러 사도 레위의 곁에 앉았다. 야고보가 언급했던 말씀의 기준에 관해 이야기를 나누다가 식사가 끝나고 나서 그에게 말했다.

"잠깐 저와 이야기를 좀 나눌 수 있을까요?"

자난 날 라사로의 누이 마리아가 쓰던 작은 방에 따라 들어간 그는 자리에 앉으면서 목소리를 낮추어 말했다.

"실은 이번에 페트로스님과 아주 중요한 일을 했습니다."

"어떤 일을?"

"바로 이것입니다."

그는 품에서 파피루스 종이로 제본한 책을 꺼냈다. 레위가 책을 받아들고 송아지 가죽으로 만든 표지를 들여다보며 제목을 읽었다.

"카타 마르콘?"

"마르코스가 기록한 복음서라는 뜻으로 페트로스님이 제목을 그렇게 써 주셨습니다. 예수 그리스도의 행적과 말씀을 기억나는 대로 그분이 불러 주시고 제가 받아서 적은 것입니다."

"정말 중요한 일을 했군. 주님과 늘 동행한 분이 페트로스와 야고보, 요한 형제니까. 그런데 왜 모든 분 앞에서 이 책에 관한 보고를 하지 않았나?"

"이 책은 아직 완전하지 않습니다."

"뭐라구?"

"페트로스님이 직접 보거나 겪은 일만 불러 주신 것을 받아 적었기 때문에 주님의 탄생과 성장에 관한 것이 빠져 있지요."

레위가 기억을 더듬으며 말했다.

"마리아님이 베다니에 계실 때 들은 것이 있었는데…… 베들레헴에서 태어나셨을 때 동방의 마구스들이 찾아왔던 것과 헤롯 군대의 추적을 피해 애굽으로 피신했던 이야기를 들려 주셨지."

동방의 마구스란 마술사가 아니라 천문학자를 말하는 것이었다.

"그리고 또……"

"또 빠진 것이 있는가?"

"아까 여러분이 계신 가운데서도 얼핏 말씀을 드리기는 했지만 이 책에는 사도 요한에 관계된 부분들이 빠져 있습니다."

"어떤 것이?"

"요한과 페트로스 두 사도가 여리고 가는 길에서 주님을 처음 만났던 일, 죽은 라사로를 살리신 일이 빠져 있습니다."

"그리고?"

"예루살렘에 입성하신 날 왜 문둥이 시몬의 집에서 식사를 하셨는지, 그 자리에서 향유를 부은 여자가 누구인지에 대해서도 석연치 않은 점들이 있습니다. 또 주님께서 십자가에 달려 계실 때 왜 사도 요한만 골고다에 갔었는지에 대해서도 설명이 부족합니다."

"그 부분을 요한이 완성해야 한다고 했나?"

"직접 그분이 써야 한다고."

"그러면 요한에게 이 책의 사본을 전해야겠군."

"그럴 생각입니다만 레위님께도 한 권을 전하라고 하셨습니다."

"나에게 왜?"

"레위님은 레위 지파 출신이고, 평소에 일의 전후를 잘 적어두는 습관이 있으셔서 더 상세한 내용을 보충할 수 있고, 주님께서 가르치신 말씀을 좀 더 깊고 넓게 해석할 수 있을 것이라고 하셨습니다."

평소에 겸양하던 레위도 페트로스가 직접 사본을 보내며 부탁하는 것을 받아들이지 않을 수 없을 것이었다.

"그러나 요한에 관한 부분은 나도 어쩔 수가 없네."

"알겠습니다."

"이 책은 헬라어로 기록을 했는데, 페트로스의 뜻이었나?"

"그렇습니다. 그분은 이방인 전도가 더 급한 사명이라고 생각하시니까요."

"그렇다면 나도 헬라어로 적어야겠지?"

"물론이죠."

그는 표지의 마르콘이라는 글자를 손끝으로 잠시 쓰다듬다가 말했다.

"나도 이제는 헬라식 이름을 하나 가져야겠군."

마르코스는 자신의 부친이 이미 38년 전에 그렇게 될 것을 알고 아들에게 헬라식 이름을 지어준 것에 대해 놀랍고 고마웠다.

"이방인 전도에는 그게 좋겠지요."

"어떤 이름이 좋을까? 그래도 레위의 전통을 담았으면 좋겠는데."

"레위 지파 어른들의 이름 중에서 좋아하는 이름이 있으시다면 그것을 헬라식으로 바꾸어 쓰셔도 되지요. 주님도 여호수아를 예수로 썼으니까요."

"맛다디아는 어떨까?"

예루살렘이 안티오코스 4세에게 박해를 당하던 때 성전을 탈환하고 정화하기 위해 다섯 아들과 함께 반란을 일으켰던 제사장이 맛다디아였다. 그 이름은 주님의 선물이라는 뜻이었다.
"맛다디아가 좋으시다면, 마태오스로 하면 되겠네요."
"마태오스, 그것 괜찮군."
마르코스가 자리에서 일어서며 말했다
"그러면 앞으로 언젠가 마태오스에 의한 복음서 카타 마태온이 나올 것을 기대하고 있겠습니다."
"그 일을 위해 기도해 주게."

117
마르코스 요안네스

오래간만에 돌아온 마르코스를 맞는 이드란 상회의 예루살렘 사무소는 잔치 분위기였다. 탁자와 책상마다 꽃병과 포도즙이 놓였고, 무화과 열매와 대추 야자 같은 것을 가루에 섞어 구운 과자들도 분배되었다.

"어서 오세요, 대표님."

마르코스가 아리오크를 데리고 들어섰을 때 수십 명의 직원들이 손뼉을 치며 그를 환영했다. 얼떨결에 고개를 끄덕이며 인사를 한 마르코스는 미소짓고 있는 모친과 포옹을 한 후 물었다.

"아직 기근이 덜 끝났는데 이래도 되는 건가요?"

모친 마리아가 환하게 웃으며 말했다.

"주님께서도 신랑과 함께 있을 때에는 슬퍼하지 말라고 하셨거든."

그것은 세례자 요한의 제자들이 예수에게 왜 당신의 제자들은 금식하지 않으냐고 물었을 때 그가 대답한 말이었다.

"누가 신랑입니까?"

그가 직원들을 둘러보자 아레스가 외쳤다.
"신랑이 여기 있습니다."
"아레스, 네가 신랑이라고? 네가 장가를 들었다는 거야?"
"그렇습니다."
"신부가 누군데?"
그러자 한 여자가 앞으로 나섰다.
"제가 신부예요, 대표님."
"아니, 그대가 어떻게 이곳에?"
그녀는 알렉산드리아 본점의 다브네스였던 것이다. 네페르티티 왕비처럼 목의 선이 상큼한 그녀는 긴 속눈썹을 깜빡거리며 말했다.
"아레스님의 청혼을 받아들였습니다."
그가 시선을 돌려 아레스를 장난스레 쏘아보았다.
"일하는데 들노루처럼 빠르기를 바랐더니, 연애에만 빨랐느냐?"
"제가 빠른 것이 아니라 대표님이 느리신 거죠."
직원들 모두가 까르르 웃음을 터뜨렸다.
"맞아, 맞아."
로데가 손뼉을 치며 맞장구를 쳤다. 이제 한 달만 더 있으면 또 나이를 먹어 38살이 되는 마르코스가 은근히 부러워 심술을 부리듯 말했다.
"그러나 난 아직 자네들의 혼인을 허락하지 않았어."
아레스가 빙글거리며 대꾸했다.
"그래도 소용없습니다."

"뭐라고?"

"이미 알렉산드리아에서 유대식으로 예식을 했고 여기 와서 친가 어른들을 모시고 다시 예식을 치렀습니다."

"허어……"

"축하를 해 주십시오, 대표님."

마르코스로서도 이제는 어쩔 수가 없었다.

"그러나 결혼을 했더라도 다브네스는 계속해서 이드란 상회의 본점 일을 하겠다고 약속을 할 수 있겠나?"

다브네스가 살짝 웃으며 대답했다.

"물론입니다, 대표님."

그제야 마르코스가 신랑과 신부를 축복했다.

"두 사람의 혼인을 축하하네. 주님께서 그대들과 함께 하시기를."

그리고 모두가 포도즙 잔으로 축배를 들었다.

"내가 없는 동안 여러분의 수고가 많았습니다. 그동안 나는 바벨론에 가서 지점을 개설했습니다. 앞으로 폰투스, 아디아베네, 파르티아와 페르시아의 시장을 바벨론 지점에서 관장하게 될 것입니다."

로데가 궁금했던 것을 물었다.

"그런데, 데리고 온 아이는 누구에요?"

"아…… 이 아이의 이름은 아리오크이고 그 삼촌 아멜은 바벨론 총독궁의 경호대장입니다. 크리스티아누스인 아멜 대장이 바벨론 지점의 개설을 그분이 많이 도와 주었고, 그가 추천한 실루아노스를 지점장으로 세웠지요."

그제서야 로데가 물어본 이유를 말했다.
"난 대표님이 숨겨 놓았던 아들인 줄 알았거든요."
직원들이 또 웃음을 터뜨렸다.
"아버지가 안 계시니 내가 아들을 삼아도 될 만하지요. 아, 이 아이는 다니엘 시대의 시위대 장관 아리오크의 후손이기도 합니다."
모두들 놀랍고 신기하여 아리오크를 둘러싸고 말을 붙이는 동안 마르코스는 모친에게로 다가갔다.
"어머니가 계셔서 제가 마음 놓고 다닐 수가 있었습니다."
그의 모친에게는 이드란과 마르코스에 못지않은 안목과 수완이 있었다. 다브네스와 로데, 율리아 등이 알렉산드리아와 예루살렘과 안티오키아를 잇는 삼각 경영을 탁월한 지혜로 이끌어 왔으나 교역과 생산의 모든 상황을 독수리의 시선처럼 공중에서 살피며 꾸려온 것은 모친 마리아의 솜씨였다.
"그동안 흰 머리가 많이 늘었네요."
"늘 엄마만 힘들게 하는 아들을 둔 탓이지."
"이번에 바벨론에서 페트로스님과 오랜 시간을 함께 보냈습니다."
"좋았던 모양이구나."
"그분을 아버지라고 부르기로 했습니다."
모친 마리아가 그 말을 듣고 반색을 했다. 아버지의 정을 거의 모른 채로 자란 아들의 허전한 마음을 누구보다도 그녀가 잘 알고 있기 때문이었다.
"아주 잘 했다."

"한 가지 문제는"
"뭐냐?"
"그분에게 이미 아내가 있어서 어머니의 남편이 될 수는 없다고 하더군요."
"예끼, 이 사람."
호탕하게 웃으면서도 노모의 얼굴이 달아오르고 있었다.

마르코스 요안네스

    모든 지점에서 발생하는 생산과 교역 그리고 자금의 수습 현황 등을 점검한 마르코스는 해가 바뀌자 또 아리오크를 데리고 출장을 서둘렀다. 안티오키아에 가서 지점의 교역 상황을 파악하고, 황제의 유대인 추방령이 장자에 미칠 영향을 점검하기 위해서였다. 또 로도스 섬에 있는 요한 사도를 찾아가 페트로스가 부탁한 대로 카타 마르콘의 사본을 전달해야 했다.
    "에미 젖도 한번 안 만져 보고 벌써 떠나느냐?"
    젊어서부터 보내는 데 익숙해 있는 모친이 아들을 보내며 말했다.
    "아레스가 장가든 걸 보니,"
    마르코스가 어깨를 추켜올리며 웃었다.
    "저도 서둘러 신부감을 찾아야 할 것 같아서요."
    모친은 이제 38살이 된 아들의 농담을 그냥 웃음으로 받을 수가 없었다.
    "장사꾼은 허튼 소리를 하면 안 된다는 것을 모르느냐?"

"빈 말처럼 들렸나요?"

"네가 이번에 아리오크를 아들삼아 데리고 다니는 것을 보니까"

모친은 아들의 마음을 들여다보듯 말했다.

"왜요?"

"내가 친손자를 보려면 아직도 한참 멀은 것 같구나."

아들은 모친의 흰 머리카락을 보며 웃었다.

"그건 마음대로 되는 게 아니라 하나님이 주셔야 하는 것 아니겠어요?"

아들을 보내는 모친의 시선을 등에 받으며 마르코스는 아리오크와 함께 말을 달렸다. 예루살렘을 떠난 다음날 세바스테에 도착한 마르코스는 느다넬에게 아리오크를 인사시키고 새로 단장한 전시관에 들러 신상품들을 둘러보았다.

"상품들이 꽤 좋아졌네요."

"세바스테의 보석 세공은 이제 꽤 유명해졌습니다."

마르코스는 보석 진열장 앞에서 잠시 걸음을 멈추고 거기 전시되어 있는 반지 하나를 찬찬히 들여다보았다. 홍보석 주위를 반짝거리는 12개의 금강석 낱알로 두른 것이었다.

"혹시 저 반지의 예비품이 있습니까?"

"네, 물론이죠."

"그럼 내가 하나를 가져가지요."

점원이 비단 주머니에 담아온 반지를 느다넬이 건네주자 마르코스는 전대를 끌러 값을 지불했다. 개인적인 선물로 사용하는 물건은 항상 값을 지불하고 사는 것을 원칙으로 하고 있기 때문에 느다넬도 서슴지 않고 돈을 받았다. 전시장을 나온 그는 다시 사무실로 가서 지점의 교역 현황을 들었다.

"사마리아 지역의 강도단은 어떻습니까?"

"열심당의 반란이 좌절된 이후로 강도들의 출몰이 눈에 띄게 많아졌습니다. 저들의 세력 일부가 자금 조달을 위해 강도짓을 하는 것 같습니다."

"사마리아 사람들이 오해를 받을 수도 있겠군요."

"세바스테 경비대가 사마리아 사람들이 그렇지 않다는 것을 알고 있거든요."

"불가피한 경우에는 강도들에게 적당히 당해 주기도 하세요."

"네?"

"작게 주고 큰 피해를 막기 위한 것입니다. 장사하는 사람은 경비대뿐 아니라 강도들과도 적당한 거리를 두고 관계를 유지해야 합니다. 큰 피해를 줄이기 위해 그렇게 나가는 비용은 손실로 처리해도 좋습니다."

"알겠습니다."

"마술 조직은 어떻습니까?"

"요즘은 우갈이라는 마술사가 공연을 하고 있습니다."

"역시 마술사 시몬과 같은 계열인가요?"

"본인이 그렇게 선전을 합니다."

"먼저 세바스테에서 공연하던 하닷의 일당은 어디로 갔다던가요?"

"에페소스에서 본 사람이 있다고 하더군요."

마술사 시몬의 세력이 그만큼 확장되고 있다는 의미였다. 이드란 상회가 모든 지역에 지점을 설치하듯 시몬 역시 자신의 부하들을 여러 곳에 심어 놓고 있는 것 같았다.

"앞으로도 그들의 동태를 주시하세요. 그들이 마술 공연뿐만 아니라 영적인 일에까지 침투하게 될 것입니다."

"알겠습니다."

"클라우디우스 황제의 유대인 추방령이 어찌 될지 주목해야 되겠지만 아직까지는 베네토의 공사가 순조롭게 진행되고 있습니다. 1차 접안 시설이 완료되는 내년부터 크리스티아누스 형제들은 단계적으로 이주를 시작하여 10년 이내에 완전히 이 땅에서 철수하게 됩니다. 세바스테 지점도 지금부터 준비를 하세요."

"크리스티아누스만 갑니까?"

"그렇습니다."

"가족이라도 안 되나요?"

"믿고 세례 받지 않은 사람은 함께 갈 수 없습니다."

그는 오래간만에 세바스테 교회의 형제들과 식사를 하고 아리오크와 함께 다시 세바스테를 떠났다.

"이제 어디로 가십니까?"

"카이사랴에서 배를 타고 셀류기아로 가서 안티오키아로 들어갑니다."

마르코스 요안네스

　유대와 사마리아 지역이 오랜 기근과 긴 불황으로 침체되어 있어도 외인들이 많이 거주하고 있는 카이사랴는 활기가 있어 보였다. 거리마다 화단이 조성되고 집마다 화분이 놓여 축제라도 있는 것 같았다. 말론 점장으로부터 카이사랴와 샤론 지역의 현황을 듣고 난 후 마르코스가 물었다.
　"카이사랴에 무슨 큰 행사라도 있습니까?"
　"네?"
　"거리 모습이 매우 밝아 보여서요."
　"아, 열흘 후에 여기서 결혼식이 있거든요."
　예루살렘에서는 아레스와 다브네스의 결혼 소식을 들었는데 카이사랴에서도 온 성이 축하할 만한 큰 결혼식이 있는 모양이었다.
　"헤롯 왕실에 또 혼인이 있습니까?"
　"그렇기는 합니다만 신부는 그대로인데 신랑이 다릅니다."
　"무슨 말이지요?"

"에메사 왕국의 아시수스 왕에게 시집갔던 드루실라가 이혼하고 돌아와 안토니우스 펠릭스 총독과 결혼을 한답니다."

"아……."

아메스 왕과 그 신부를 따라간 마술사 시몬이 수개월이나 그들과 붙어 지나더니 결국 그들을 떼어 놓는 데 성공한 모양이었다. 펠릭스 총독이 바라던 대로 그와 드루실라의 결혼을 성립시켜 주었으니 펠릭스는 그의 형인 로마의 실력자 팔라스에게 시몬을 소개하고 추천할 것이었다.

"로마에 시몬이 진출할 무대가 준비되고 있군."

클라우디우스 황제의 크리스티아누스 박해가 시작된 데다가 마술사 시몬이 펠릭스 총독의 형 팔라스와 황후 아그리피나를 업고 들어간다면 그에게는 거칠 것이 없는 대로가 마련된 셈이었다.

"네?"

"아시수스 왕과 드루실라가 결혼할 때부터 펠릭스 총독은 드루실라에게 눈독을 들이고 있었습니다. 그래서 그들 두 사람을 이혼시키기 위해 마술사 시몬을 아메스로 따라가게 했던 겁니다."

"어쩐지 이상한 느낌이 들더군요."

"마술사 시몬이 아메스 왕국에서 드루실라를 빼내 펠릭스의 품에 안겨 주었으니 이제 펠릭스는 시몬을 자기 형 팔라스에게 소개하겠지요. 그러면 시몬은 로마의 무대에 화려한 등장을 하게 되는 겁니다."

"곡마단뿐만 아니라 정치적 권력도 거머쥐겠군요."

"물론이지요. 마술사들이 바라는 것도 결국은 권력이거든요."
"우리가 어떻게 대책을 세워야 할까요?"
"권력을 두려워할 것은 없습니다."
"네?"
"우리에게는 하나님이 계시니까요. 다윗이 고백했듯이 하나님은 선하고 정직하신 분이므로 속임수로 사람들을 속이는 마술사 따위가 선하고 정직한 자를 이길 수 없습니다. 선하고 정직하게 일하는 것이 우리의 대책입니다."

마르코스 요안네스

안티오키아를 떠나 거의 한 해를 다 보내고 해가 바뀌어 돌아온 마르코스를 맞으며 율리아는 오래간만이기 때문인지 그녀답지 않게 좀 긴장하고 있었다. 사환 나나에게 차를 준비시키고 나서 아리오크에게 물었다.

"네가 아리오크냐?"

보안대 출신의 율리아는 역시 정보가 빨랐다. 그녀는 마르코스가 아리오크와 함께 온다는 것을 벌써 알고 있었던 것이다.

"네, 그렇습니다. 율리아님이시죠?"

"넌 나를 어떻게 아니?"

"바벨론에 있을 때부터 대표님이 율리아님 얘기를 많이 하셨거든요."

"뭐라고 하시더냐?"

"아, 그게……"

아리오크가 뭔가 말하려 하는데 마르코스가 끼어들었다.

"바벨론에서 있었던 일은 전해 들었나요?"

율리아가 미소를 지었다.

"그동안 여기서도 대표님의 움직임을 늘 추적하고 있었거든요. 바벨론 지점의 실루아노스 지점장과는 이미 정보 교환을 시작했구요."

그녀는 아리오크를 자리에 앉히면서 말했다.

"영특하게 생겼구나."

그들이 자리에 앉자 나나가 무화과즙 세 잔을 탁자 위에 가져다 놓았다. 아리오크가 마르코스의 귀에 대고 물었다.

"쟤는 누구예요?"

마르코스가 돌아서려는 나나를 불러 세웠다.

"아……나나, 이 녀석이 네가 누구냐고 내게 묻는구나."

나나가 방긋 웃으며 대답했다.

"내 이름은 나나야."

"난 아리오크."

"벌써 알고 있었어."

나나도 율리아를 닮아 정보가 빠른 것 같았다.

"난 안티오키아가 처음인데, 구경 좀 시켜주지 않을래?"

"좋아."

아리오크는 무화과즙 한 잔을 급히 마시더니 나나를 따라 나섰다. 마르코스가 11년 전에 율리아와 만났던 일을 생각하며 웃었다.

"요즘 아이들은 빠르군요."

"그러게요."

또 잠시 어색한 시간이 흘렀다. 무화과즙을 다 마시자 율리아는 잔들을 치우고 탁자 위에 큰 지도를 펼쳤다.

"이게 뭐죠?"

지도에는 갈리아와 게르마니아에서 마케도니아와 아카야 그리고 아시아와 수리아를 돌아 사마리아와 유대와 애굽, 구레네와 누미디아에 이르는 로마 제국의 모든 속주가 그려져 있었다.

"그런데, 이 숫자들은 뭔가요?"

"로마의 모든 속주에 나가 거주하고 있는 유대인의 수와 헬라인 그리고 로마인의 수예요. 클라우디우스 황제의 유대인 추방령이 이드란 상회의 교역에 미칠 영향을 점검하기 위해 이 자료를 만들었거든요."

"어떤 예측이 가능하겠습니까?"

"로마 제국의 관점에서 볼 때 유대인이든, 크리스티아누스든 이용할만한 가치가 있느냐, 없느냐를 계산하게 될 거예요. 지금 유대인은 자신들의 생존을 위해 그들의 재물을 써서 황실과 원로원의 실세들을 포섭하고 있지만"

역시 보안대 출신다운 시각이었다.

"로마의 민회 또한 상당한 권력을 가지고 있지요."

카이사르가 통치하는 체제로 바뀌었으나 평민의 의결기관인 민회의 세력도 그 영향력을 가지고 있었다. 그래서 귀족이라도 민회를 대표하는 호민관의 자격을 얻지 못하면 고위직에 진입할 수 없을 정도였다.

"그래서요?"

"안티오키아 교회의 전도 효과를 살펴보면, 유대인보다는 헬라인과 로마인 등 소위 이방인의 복음화 속도가 훨씬 빠르더군요. 이드란 상회의 교역량이 유대인의 재력을 능가하고, 이방인 복음화가 유대교를 앞지르면 로마의 민회는 우리 의견을 대변하게 될 거예요."

그녀는 유대인 전도를 거의 포기하자는 투로 말하고 있었다. 마르코스가 당장 걸려 있는 문제를 짚었다.

"그런데 우리에게는 두 가지 문제가 있습니다. 그 하나는 페니키아 상인들이 유대인들과 연결되어 있다는 것이고 또 하나는 유대인들이 크리스티아누스를 유대인 폭동의 주도 세력으로 몰아가고 있다는 것입니다. 그런 상황이 확대되면 모든 나라에서 크리스티아누스가 박해당할 수도 있고, 우리가 추진하는 베네토 공사에도 차질을 가져올 수 있다는 것이지요."

율리아가 고개를 끄덕이며 대답했다.

"그래서 우리도 주님의 가르침을 적용할 때가 된 것 같아요."

"어떤 가르침을?"

"뱀처럼 지혜롭고 비둘기처럼 순결하라는 말씀을요."

그것은 갈릴리에서 12제자를 전도하러 보낼 때 한 말이었다.

"본래 사탄이 하는 일은 뱀의 습성을 닮았지요. 조용하게 스며들어가 결정적일 때 잡아채는 거예요. 그런데 주님께서도 사탄과 싸울 때에는 뱀의 지혜를 배우라고 하셨거든요."

"조용하게 스며들어간다?"

"로마의 원로원에는 저의 아버지와 외삼촌이 들어가 있어요. 로마 교회의 후원자인 스타쿠스 행정관이 권력의 핵심에 들어가 있고, 라벤나 군단의 코넬리우스 장군도 유력한 인물로 떠오르고 있지요. 이드란 상회도 앞으로 교역의 확대를 위해서는 로마의 권력에 접근해야 할 거예요."

마르코스가 고개를 끄덕였다. 그도 이제 큰 장사를 하려면 큰 권력과 만나지 않을 수 없게 될 것이었다.

"유대인 말고도 더 큰 세력이 하나 생길 것 같습니다."

"네?"

"페트로스님이 티아나의 아폴로니오스를 제압했다는 말은 들으셨지요?"

"네, 알고 있어요. 그의 잔당들이 바벨론을 떠나 안티오키아로 몰려 왔거든요. 안티오키아의 마술사 메난더의 세력이 점점 커지고 있어요."

"그들이 곧 로마에 입성하게 될 것입니다."

"네?"

"마술사 시몬이 에메스 왕비 드루실라를 이혼시켜 펠릭스 총독에게 가도록 해 준 것은 그의 형 팔라스를 통해 로마에 진출하려는 야심 때문입니다. 결국 유대인 세력과 마술사 조직은 모두 아그리피나 황후와 밀착하게 되겠지요."

"아그리피나를 견제할 세력이 필요하겠네요."

"그럴 가능성이 있습니까?"

"지금 로마에서는 클라우디우스 황제 이후의 권력 승계 문제가 물 밑의 화제라고 하더군요. 클라우디우스 황제에게는 전처 메살리나가 낳은 아들 브리타니쿠스가 있으나, 아그리피나는 전 남편 아헤노바부스와의 아들인 네로를 밀고 있거든요. 결과는 명백히 네로 편으로 기울게 되어 있어요."

"그런데요?"

"지금 아그리피나의 참모로는 펠릭스 총독의 형 팔라스와 네로의 스승인 세네카 와 갈리오 형제 그리고 근위대장 부루스가 있어요. 세네카는 파울루스님과 동행하는 의사 루카스의 친척이에요. 우리도 그들 사이로 스며들어가야 해요."

"유대인 쪽에서도 접촉을 하겠지요."

"그래서 우리를 대적하는 세력이 여럿이면 그들이 서로 대립하게 만드는 전략도 필요해요. 유대인과 페니키아 상인들이 경쟁하게 하고, 필요하다면 팔라스와 마술사 세력이 대립하게 만드는 거죠."

율리아는 정보에 강할 뿐만 아니라 대단한 전략가였다.

"파울루스 선생님은 어떻게 되었습니까?"

"지금 코린도스에 계세요."

"코린도스라고?"

결국 그는 학문의 근원지인 헬라로 들어간 것이었다. 다메섹의 아나니아가 전한대로 하나님이 그를 헬라인 전도에 쓰는 것 같았다.

"처음에는 팜필리아를 지나 다시 루스트라로 갔다더군요. 거기서 전에 만났던 헬라인의 아들 티모데오스를 데리고 무시아로 올라가 다시 비투니아 쪽으로 가려 했답니다."

"결국 티모데오스를 끌어냈군요."

마르코스 자신이 어린 아리오크를 데리고 다녀 보니 파울루스가 티모데오스에 집착하는 것을 이해할 수가 있었다. 하나님도, 나사렛 예수도, 그리고 사람도 다 외로운 존재였던 것이다.

"그래서 어디로 가셨답니까?"

"비투니아로 가려던 것이 잘 안되어 고심하던 중 파울루스 선생님이 환상을 보았대요. 밤에 마케도니아 사람이 나타나 우리를 도와 달라고 했다는 거예요. 그래서 결국 트로아스에서 배를 타고 마케도니아 땅으로 건너가신 거죠. 결국 동쪽으로 가려다가 서쪽으로 방향을 바꾸게 된 셈이지요."

"성령께서 그렇게 하셨군요."

"필립포이에서 전도할 때 수난을 많이 당하셨답니다."

네아폴리스 항구에서 필립포이를 지나 로마까지 에그나티아 대로가 연결되어 있어서 필립포이는 데살로니케와 함께 마케도니아의 요새였다.

"또 돌에 맞으셨나요?"

"점치는 여자 무당 하나가 따라다니며 귀찮게 해서 그녀에게 들린 귀신을 쫓아냈는데 그녀를 수입원으로 삼던 자들이 파울루스와 실라 두 분을 잡아 관가에 고발을 했답니다. 관가에서 두 분을 몹시 때리고 감옥에 가두었으나 밤에 큰 지진이 나서 옥문이 열리고 사슬이 풀어졌다는군요."

예루살렘 감옥에서 페트로스에게 일어났던 것과 똑같은 일이 필립포이에서도 일어난 것이었다.

"간수가 놀랐겠군요."

"결국 간수와 그 가족이 모두 믿고 세례를 받았대요."

"그 다음에는 어디로 갔답니까?"

"의사 루카스만 필립포이에 남겨 두고, 암피폴리스와 아폴로니아를 거쳐 데살로니케에서 전도하고 베로이아로 갔답니다."

루카스는 본래 필립포이 사람이었던 것이다.

"그래서요?"

"마케도니아 지역의 교회들을 다져 놓기 위해 실라님과 티모데오스를 베로이아에 남겨둔 채 혼자 아테네로 가셨어요. 아테네에서는 유대인 회당과 장터에서 전도하다가 아레오스 파고스로 끌려갔던 모양이에요."

아레오스 파고스는 외래 학자들이 퍼뜨리는 내용을 그대로 방치해도 좋을 것인지 여부를 심사하는 법정이었다. 학자 출신의 파울루스가 헬라의 저명한 학자들이 참석하는 그 청문회에서 과연 어떤 변론을 펼쳤을 것인지 궁금했다. 파울루스가 학자 사울이라는 것을 알았다면 플라톤의 아카데미아에 있는 아폴로스도 그곳에 가서 역사적 담론을 들었을 것이었다.

"변론의 결과는 어떻게 되었답니까?"

"아레오스 파고스의 한 관원이 개종하여 세례를 받았다니까 일단 범법자나 위험인물이 아니라는 것은 인정을 받았던 것 같아요. 파울루스님은 그 후에 코린도스로 들어가셨답니다."

코린도스는 아카야 지역 최대의 항구이고 이드란 상회도 언젠가는 진출해야하는 상업의 중심지였다.

"도박과 폭력과 타락이 넘치는 곳인데."

"주님께서 죄인을 부르러 왔다고 하셨으니 전도하기에는 가장 좋은 곳이지요. 아마 거기서는 좀 오래 머무실 것 같다네요."

"제 외삼촌은 지금 어디 계시죠?"

"바나바님은 아직 파포스에 계세요."

율리아는 다시 교역 상황과 지점의 운영 현황을 설명하기 시작했다. 그녀의 설명을 들으면서 마르코스는 예루살렘을 떠날 때부터 마음먹었던 일을 어떻게 시작해야 할지 고심하고 있었다. 아리오크와 나나는 만나자마자 서로 인사를 나누고 함께 나갔는데 그는 아직도 말이 서툴렀다.

"율리아, 오론테스 강변을 산책한 적이 있나요?"

설명을 다 들은 마르코스가 뜬금 없는 질문을 하자 율리아가 의아하여 그를 바라보았다. 안티오키아는 오론테스 강 유역에 건설된 도시였고 어디를 가더라도 그 강을 끼고 다녔는데 그가 새삼스러운 말을 했던 것이다.

"네?"

"아, 아닙니다."

그는 품속에 들어 있는 반지를 생각하며 좀 더 자연스러운 기회를 잡아서 해야 되겠다고 생각했다. 그러자 펼쳐 놓은 자료들을 정리하고 있던 율리아가 갑자기 음성을 좀 낮추며 입을 열었다.

"저…… 대표님."

뭔가 은밀한 이야기를 하려는 것 같아서 마르코스는 긴장했다.

"네, 말씀하시지요."

"제가 결혼을 하게 되었어요."

"결혼을 하다니요?"

마르코스가 깜짝 놀라며 그녀의 얼굴을 바라보았다. 결혼을 한다고 말한 것 같은데 그 대상이 마르코스는 아닌 것 같았다. 또 잠시 어색한 시간이 흘렀다. 그동안 여러 가지 정황으로 보아 율리아가 자신을 마음에 두고 있는 것 같았는데 뜻밖의 일이 생겼던 것이다. 그 때 피데스의 크라투스가 문을 열고 들어왔다.
"대표님, 안녕하셨습니까?"
그러자 율리아가 상기한 얼굴로 말했다.
"저 사람이에요."
"네?"
"저와 크라투스 필롤로구스가 결혼하게 되었어요."
"아니……"
순식간에 여러 가지 생각이 그의 머릿속을 스치고 지나갔다. 크라투스는 이미 11년 전부터 마르코스를 만날 때마다 율리아 아가씨가 그에게 관심이 있다는 암시를 주었고, 그들 사이가 잘 되기를 바란다는 뜻도 비쳤다. 그러나 마르코스는 상회의 일로 바빠서 11년 동안이나 혼자 미적대고 있었던 것이다. 그는 자리에서 일어서며 크라투스의 손을 잡았다.
"축하하네, 크라투스."
그는 얼굴을 돌려 율리아를 바라보며 말했다.
"율리아, 주님께서 두 분과 함께 하시기를 빌겠습니다."
그렇게 말해 놓고 마르코스는 급히 사무실을 나섰다. 율리아가 뭐라고 대답을 했는지도 생각나지 않았다.
"아, 엄마 젖이나 더 만지고 올걸."
그는 허전하게 웃으며 오론테스 강변을 혼자서 걷고 있었다.

마르코스 요안네스

  셀류기아 항을 떠난 배는 팜필리아와 키프로스 사이를 빠져 더 넓은 바다를 향해 미끄러지듯 순항하고 있었다. 왼편에는 외삼촌이 있는 파포스가 있고 오른쪽에는 4년 전에 전도 여행에서 이탈하여 배를 갈아탔던 페르게가 있었다. 그는 뱃전에 서서 바닷바람을 마시며 아버지를 생각하고 있었다.
  "예루살렘을 17세에 떠나 42세까지."
  그 25년 동안 장사에 힘썼던 아버지 이드란은 큰 기업을 일구어 놓았다. 그의 능력과 덕망은 아버지가 세상을 떠나고 다시 24년이 지난 지금에도 여러 도시와 항구의 상인들이 그를 기억하고 있을 정도였다. 마르코스도 그 아버지처럼 17살에 예루살렘을 떠났고 이에 38살이 되어 있었다.
  "42세가 될 때까지 아버지만큼 할 수 있을까?"
  많은 사람들이 그를 칭찬하며 아버지의 기업을 거의 다 회복했다고 말했다. 그러나 그것은 큰 장사를 하던 아버지의 덕을 바탕으로 큰 어려움 없이 해낸 것에 불과했다. 또 그것이 설사 혼자 해냈다고 하더라도 아버지를 따라갈 수 없는 일이 하나 있었다. 아버지는 27세에 예루살렘에 돌아와 어머니에게 마르코스를 잉태시켰는데 마르코스는 아직 그것을 못했다.

"아버지."

이드란이 수없이 다녔을 바닷길을 바라보며 그를 불러보았다.

"여자 사귀는 법이나 좀 가르쳐 주고 떠나시지."

마르코스가 그렇게 중얼거리고 있을 때 아리오크의 목소리가 들렸다.

"가르쳐 준다고 되나요?"

"뭐라구?"

아리오크의 목에 뭔가 반짝거리는 것이 있었다.

"네 목이 걸린 그건 뭐냐?"

"아, 이거요? 나나가 준 거예요."

그것은 은으로 만든 사슬 모양의 목걸이였다.

"은의 색깔은 자주 변하는데."

"마음은 자주 변하기 때문에 매일 닦아야 한다더군요."

"나나가 그러더냐?"

"네."

마르코스가 그를 바라보며 빙그레 웃었다.

"네가 부럽구나. 어떻게 하면 여자를 잘 사귈 수 있겠느냐?"

"그냥 성경에 있는 대로만 하면 되는 거예요."

"뭐라구?"

"처음 남자가 처음 여자를 보자 처음에 뭐라고 말했지요?"

"이는 내 뼈 중의 뼈요, 살 중의 살이라."

"바로 그거예요. 너는 내 가장 소중한 존재라고 고백하는 거예요."

"보자마자 고백을?"

"그럼요. 느낌이 왔을 때 바로 화살을 쏘아야지 우물쭈물 하다가는 기회를 놓치게 되거든요. 그러니까 아레스와 다브네스 두 분도 결혼했고 율리아와 크라투스 그분들도 결혼한다는데 대표님만 혼자 남았지요."

"허어……"

"아담이 그 다음에는 뭐라고 했죠?"

"그대는 남자에게서 나왔으니 여자라고 하리라."

"맞았어요. 너는 나에게서 나온 운명적인 내 여자라고 확실하게 문패를 달아 주는 거죠."

레위 지파 사람들의 문제가 그것인 것 같았다. 성경으로 사람의 행동을 규제하고, 정죄하고, 징계할 줄만 알았지 그것을 사람 사귀는 방법으로 응용할 줄은 몰랐던 것이다. 그런 점에서 아버지 이드란과 어머니 마리아는 마르코스보다 훨씬 더 적극적이고 자유로운 레위인이었다.

"그런데 말이죠."

아리오크가 그를 바라보며 말했다.

"혹시 저 여자분이 그 운명적인 여자가 아닐까요?"

"뭐라구?"

마르코스는 아리오크가 손가락으로 가리키는 쪽을 바라보다가 깜짝 놀랐다.

"아니……?"

선실을 나와 그를 향해 걸어오고 있는 여자는 바로 로데였다.

"로데, 네가 어떻게 여기 있느냐?"

그러자 아리오크가 마르코스의 귀에 대고 얼른 말했다.

"성경대로 하세요."

아리오크는 다가온 로데에게 꾸벅 인사를 하더니 어느 틈에 슬그머니 빠져서 달아나버렸다.

"로데, 어쩐 일이냐?"

약간 심각한 표정을 지으며 로데가 말했다.

"어머님의 특명을 받고 온 거예요."

마르코스가 놀라며 물었다.

"뭐라구? 예루살렘에 또 무슨 일이 생긴 거야?"

예루살렘에 일이 생겼다 하면 분쟁이나 폭동이었다. 그러나 아무리 큰일이 생겨도 모친이 직접 아들에게 사람을 보낸 적은 없었던 것이다.

"아뇨."

"그럼 무슨 일이야?"

로데가 잠시 주변을 둘러보더니 목소리를 낮추며 말했다.

"어머님이 오빠의 씨를 받아 오라고 하셨어요."

"뭐?"

그것은 정말 맑은 하늘에 벼락이라도 친 것처럼 마르코스에게 큰 충격이었다. 앞이 아득하여 아무 것도 안보이고, 귀에서는 아무 소리도 들리지 않았다. 머리로는 아무것도 생각할 수가 없었고, 입에서는 그저 단내만 날 뿐 어떤 소리도 나오지 않았다. 그리고 한참 후에야 신음처럼 한 마디가 흘러나왔다.

"어머니……"

몸이 비틀거렸으나 넘어지지는 않았다. 로데가 그의 팔을 꼭 끌어안고 있었던 것이다. 배가 순풍을 타고 한참을 더 달린 후에야 그는 정신을 차렸다.

"그게, 특명으로 되는 일인가?"

로데가 그의 어깨에 얼굴을 대며 말했다.

"어머님도 어쩔 수가 없었을 거예요"

"왜?"

"홀아비가 딸을 기르거나 홀어미가 아들을 기르는 경우에 제일 어려운 것이 남녀의 관계를 가르치는 거래요. 어머님이 아들을 유학 보내 교육도 시키고 잘 길렀으나 그것을 가르치지 못했다고 늘 자책하셨어요."

그는 아리오크의 말을 기억하며 중얼거렸다.

"그게 가르친다고 되는 일인가?"

"스스로 알아서 하지 못하면 가르쳐서라도 알게 해야지요."

"그런데 왜 이제 와서……"

"어머님이 무엇이든 잘 참으시는 분이지만 급하셨나 봐요. 아무리 철없는 아들이지만 마흔을 넘길 수는 없잖아요?"

"그렇다고 왜 너를?"

로데는 몸을 돌이키며 마르코스의 코앞에 얼굴을 내밀었다. 눈부시게 핀 로데의 얼굴에서 여인의 진한 향기가 바다 바람처럼 그를 감쌌다.

"오빠는 내가 마음에 안 들어요?"

"내겐 너무 과분하지."

"뭐가 과분해요?"

"나는 너보다 나이가 10살이나 많고."

"우리 조상 아브라함과 사라도 그랬다고 했잖아요?"

갑자기 성경대로 하면 된다는 아리오크의 말이 떠올랐다. 그는 로데를 품에 안으며 그녀의 귀에다 대고 말했다.

"너는 내 뼈 중의 뼈요, 내 살 중의 살이야."

"네?"

"로데, 너는 처음부터 내게 가장 소중한 존재였어."

그리고 또 뭔가 덧붙여야 할 말이 있는 것 같았다. 느낌이 왔을 때 바로 화살을 쏘아 문패를 달아 주어야 한다고 아리오크가 말했던 것이다.

"너는 내게서 나온, 나의 운명, 나의 여자야."

그 말은 결국 두 사람의 합창이 되었다. 그들의 열려진 입술 사이로 그것이 뜨거운 소용돌이가 되어 쉴 새 없이 오가고 있었던 것이다.

마르코스 요안네스

무라에서 루키아 연안을 끼도 돌던 배의 전방에 카리아 반도와 로도스 섬 사이의 좁은 해협이 보였다. 해도에 그려진 로도스 섬의 모양이 가자미처럼 생겼다고 생각했는데, 이제는 그것이 바뀌어 장미넝쿨의 잎새로 보였다. 함께 가는 로데와 섬의 이름 로도스가 모두 헬라어로 장미를 의미하기 때문이었다.

"오빠, 왼쪽이 로도스 섬인가요?"

날리는 머리카락을 쓸어 넘기며 로데가 물었다.

"그래, 저거야."

"로도스가 아폴론의 아들을 낳았다지요?"

헬라 신화에 나오는 로도스는 바다의 신 포세이돈과 사랑의 여신 아프로디테 사이에서 태어난 딸이었다.

"아폴론의 사랑을 받은 로도스가 케르카포스라는 아들을 낳았는데 그가 낳은 세 아들이 이알리소스, 카미로스, 린도스야. 그들 아폴론의 세 손자가 각기 제 이름을 붙인 세 도시를 건설했다는 거야."

배가 이알리소스 항으로 접근할 때 아리오크가 외쳤다.

"와아, 저긴가 보다."

양쪽의 방파제 사이에 트인 곳으로 배들이 드나들고 있었다.

"뭐가?"

"아폴론 신상이 서 있던 자리가 저기 맞죠?"

"그런 것 같구나."

마르코스도 로도스 섬은 처음이었다. 조각가 칼레스가 제작했다는 높이 60규빗의 거대한 아폴론 신상이 양쪽의 방파제를 딛고 서 있어서, 배들이 그 다리 사이로 드나들었다는 이야기만 들었던 것이다.

"그게 어디로 갔을까요?"

"지진으로 무너져 물속에 잠겨버렸다는구나."

"언제요?"

"지진은 275년 전에 있었어."

배에서 내린 마르코스 일행은 세 여인과 요한 사도가 살고 있는 집을 찾기 시작했다. 의사 루카스에게서 그 위치를 알아 놓고 이드란 상회의 이름으로 이따금씩 생활비를 보냈던 것이다. 성문을 통과하여 에브레온 광장을 지나 남쪽으로 걸어가다가 오미루 거리로 들어섰다. 골목길이 복잡하게 얽혀 있어 대낮인데도 어둑했다.

"이 근처 같은데."

그는 골목 양쪽의 담을 연결한 아르쿠스 밑을 지나 다시 왼쪽으로 들어섰다. 장미 넝쿨로 덮인 작은 집이 보였다.

"여보세요."

마르코스가 작은 목소리로 그렇게 부르자 안에서 얼굴이 거무스름한 여자가 신을 끌며 나왔다.
"저, 여기 혹시 요한이라는 분이 계십니까?"
여자는 마르코스의 행색을 살펴보더니 대답했다.
"세 여자와 함께 왔던 사람 말인가요?"
그녀의 말투로 보아 그 사람들이 지금 없다는 것 같았다.
"네, 그렇습니다만."
"몇 달 전에 여길 떠났는데요."
"네? 어디로 갔습니까?"
"카미로스 쪽으로 간다고 했는데."
장미 잎새의 서쪽에 카미로스가 있었고 린도스는 동쪽에 있었다.
"카미로스의 어디라고는 말하지 않던가요?"
"알려 주지 않았어요."
"감사합니다."
오미루 거리를 빠져나와 다시 남쪽 문을 나선 그들은 일단 서쪽을 향해 걷기 시작했다. 로데가 마르코스를 바라보며 말했다.
"그분들이 왜 거처를 옮겼을까요?"
"이알리소스도 유대인들이 많이 드나들 테니까."
아리오크가 이해하기 어렵다는 듯 고개를 갸웃거렸다.
"이상해요."
"뭐가?"
"지금까지 대표님을 따라다녀 보니까,"
마르코스가 웃으며 말했다.

75

"넌 나를 그렇게 부르지 말고 그냥 아저씨라고 하려무나."
아리오크도 쑥스러운지 따라 웃었다.
"그게 좋겠네요. 지금까지 아저씨를 따라다녀 보니까, 예수님과 크리스티아누스를 제일 미워하는 사람들이 유대인이네요."
"성경에 나오는 모든 말씀과 예언들이 그분과 너무 맞으니까 그렇지."
"그런데 왜 미워하죠?"
"그들이 성경과 너무 다르게 살고 있기 때문이야."
아리오크가 고개를 끄덕이더니 갑자기 심각한 얼굴로 말했다.
"그러니 우리도 조심해야겠네요."
"무엇을?"
"하나님이 선택한 민족이라고 자랑하던 유대인들이 성경대로 살지 않듯이 크리스티아누스도 언젠가 성경대로 살지 않게 되면 예수님과 크리스티아누스를 제일 미워하게 되지 않겠어요?"
아리오크의 말을 듣고 마르코스가 놀라며 그의 어깨를 안았다.
"너는 참으로 내 선생이로구나."
"네?"
"그것이 바로 예수님의 경고였단다."
"그런 말씀도 하셨어요?"
"크리스티아누스가 성경대로 살지 않으면 예수님은 없어지고 그리스도만 남게 되겠지. 그렇게 되면 마귀의 자식들이 모두 그리스도를 사칭하게 되고 예수를 대적하는 가짜 그리스도가 나타나게 되는 거야."

"티아나의 아폴로니우스나 마술사 시몬처럼요?"

"그렇지."

"언젠가는 진짜와 가짜의 전쟁이 크게 붙을 것 같네요."

"그래서 마지막이 오는 거야."

그것이 예수가 경고한 종말의 징조였다. 제자들이 성전을 가리키며 그 권력이 자신들의 손에 들어오리라고 기대할 때 그는 성전의 붕괴를 예감했던 것이다.

"교회에서 예수님이 사라지면"

아리오크가 손가락으로 눈앞에 보이는 산을 가리켰다.

"결국 교회가 저런 모습이 될 수도 있겠네요."

그 산의 가장 높은 곳에 아폴론 신전이 자리 잡고 있었다. 신은 없고 신전만 웅장하게 서 있었던 것이다.

"그래, 오늘은 네가 바로 선지자로구나."

산을 끼고 건설된 경기장과 극장 옆을 돌아서 서쪽을 향해 한참을 더 걸어가자 다시 눈앞에 바다가 보였다. 거기서부터 아테네까지 부표처럼 떠 있는 수많은 섬들이 있었던 것이다. 바다를 보며 그들은 다시 해안 길을 따라 걸었다. 로도스라는 이름에 걸맞게 해변 길에는 많은 꽃들이 다투어 피고 있었다.

"이렇게 아름다운 길은"

아리오크가 마르코스와 로데 사이에 들어서며 말했다.

"손을 잡고 걸어야 해요."

그는 오른손으로 마르코스의 손을 잡고, 왼손으로 로데의 손을 잡았다.

"이렇게 걸으니까 꼭 엄마, 아빠와 함께 걷는 것 같네요."

마르코스와 로데가 서로 얼굴을 마주 보았다. 어려서 부모를 잃고 삼촌 집에서 자라난 아리오크의 마음이 그 손을 통해 두 사람에게 똑같이 전해졌던 것이다. 로데가 고개를 끄덕이며 아리오크에게 말했다.

"아저씨보다는 아빠가 좋겠지?"

"그럼요, 아줌마보다는 엄마가 좋을 것 같구요."

섬들 사이로 내려가는 해가 그들의 얼굴을 빨갛게 물들이고 있었다. 세상에 많은 분쟁과 폭동과 박해가 있어도 하나님이 그려 놓은 그림은 아름다웠다. 로데의 입술에서 저절로 다윗의 시가 흘러나왔다.

"내가 여호와께 바라는 한 가지 일 그것을 구하리니"

아리오크가 그 다음을 받았다.

"내 평생에 여호와의 집에 살면서"

이번에는 마르코스가 고개를 끄덕이며 그 뒤를 이었다.

"여호와의 아름다움을 바라보며 그의 성전에서 사모하는 그것이라."

마르코스 요안네스

　날이 거의 어두워져서야 그들은 객관 하나를 찾아냈다. 바닷가 언덕에 자리 잡은 하얀 집에는 역시 장미 넝쿨이 덮여 있었다. 마르코스가 주인을 불러서 방을 빌리려 할 때 아리오크가 나서며 주인에게 물었다.
　"저 쪽 언덕에 떨어져 있는 건물은 여기와 다른 집인가요?"
　"아니, 우리 객관의 별채란다."
　아리오크가 마르코스를 바라보았다.
　"여비가 넉넉하세요?"
　"왜?"
　"내가 엄마, 아빠 사이에서 끼어 자기에는 너무 크거든요."
　"그래서?"
　"나는 이쪽 안채에서 혼자 잘 테니 엄마, 아빠는 별채를 쓰세요."
　"너 혼자 외롭지 않겠니?"
　"걱정 마세요, 나나의 목걸이를 동무삼아 잘 테니까요."

객관에서 저녁 식사를 한 후 로데는 마르코스와 함께 별채로 가기 전에 아리오크를 꼭 끌어안았다.

"너는 내 수호천사야, 아리오크."

아리오크가 그녀의 귀에 대고 말했다.

"엄마, 행복하세요."

그를 안채로 들여보내고 나서 로데는 마르코스의 팔을 끌어안았다.

"이제 어머님의 특명을 수행할 시간이에요."

별채에는 방이 하나뿐이었다. 창을 통해 밤바다가 보이고, 계속해서 밀려드는 파도 소리가 그들의 가슴을 설레게 했다.

"로데, 후회하지 않겠어?"

"오빠를 처음 만났을 때부터 이 순간을 꿈꾸어 왔어요."

"일곱 살 때부터?"

"너무 조숙했었나 봐."

로데가 마르코스의 집에 처음 온 것은 일곱 살 때였다. 마르코스가 알렉산드리아에서 돌아왔을 때 로데는 17살이었고, 이제 그녀는 무르익은 28살이었다. 마르코스가 품 속에 지니고 있던 비단 주머니를 꺼냈다.

"그게 뭐죠?"

"하나님이 너를 위해 준비하신 것."

주머니를 열자 거기 들어 있던 반지가 반짝이며 빛을 뿜었다. 홍보석 주위를 12개의 금강석 낱알로 두른 것이었다. 동쪽으로 가려는 파울루스의 발길을 서쪽으로 돌리게 했듯이, 하나님이 안티오키아에서 그 반지를 꺼내지 못하게 하고, 그 임자를 만나자 비로소 허락을 한 것 같았다.

"바위 틈 낭떠러지, 은밀한 곳에 있는 나의 비둘기야"

로데의 손가락에 반지를 끼워 주며 마르코스가 아가서의 한 구절을 노래하자 로데가 화답을 했다.

"나로 네 얼굴을 보게 하라, 네 소리를 듣게 하라."

그리고 둘의 음성이 합쳐졌다.

"네 소리는 부드럽고, 네 얼굴은 아름답구나."

파도 소리가 아주 천천히 그리고 때로는 숨 가쁘게 철썩거리고 있었다.

마르코스 요안네스

    카미로스가 등지고 있는 언덕 위에도 태양의 신 아폴론과 바다의 신 포세이돈의 딸 로도스를 위한 신전이 있었다. 바닷가에서 신전을 향해 뻗어 있는 대로가 성의 한 복판에 이르자 널따란 광장이 나타났다.
    "웬 사람들이죠?"
    광장 한 쪽에 사람들이 많이 모여 있었다. 아리오크가 그 사람들 속으로 뛰어들어가더니 잠시 후에 다시 나왔다.
    "어떤 분이 병자들을 돌보고 있는데요."
    "그래?"
    "병자들을?"
    다른 성이나 도시들에서 보기 어려운 일이어서 마르코스가 다시 그들 틈새로 비집고 들어가 보았다. 병자들을 돌보고 걸인들을 보살피는 사람을 살펴보니 그는 바로 요한 사도였다. 마르코스가 달려나가 그의 손을 잡았다.
    "사도님, 저 마르코스입니다."

"아, 마르코스."

로데도 따라 들어가 인사를 했다.

"저 아시겠어요? 로데예요."

병자에게 안수하고 있던 요한은 반가워하며 일어섰다.

"어떻게 여기까지?"

"이알리소스에 갔더니 카미로스로 가셨다고 하더군요. 그래서 이리로 찾아오게 되었습니다. 마리아님도 안녕하시죠?"

"일흔이 넘으셨지만 아직 정정하신 편이지."

"유다 아드님도 같이 계신가요?"

"그럼."

그는 걸인들에게 가져온 떡을 한 덩이씩 나눠주며 말했다.

"내가 다시 올 터이니 다투지들 말고 잘 지내시오."

그리고 다시 마르코스에게 말했다.

"마리아님을 뵈어야겠지?"

"그럼요."

요한은 그들을 데리고 예수의 모친 마리아와 자신의 모친 살로메 그리고 막달라 마리아가 함께 기거하는 집을 안내했다.

"그동안 이드란 상회에서 보내준 것은 요긴하게 잘 쓰고 있었네."

"거처를 옮기셨을 때 연락을 해 주시지."

옮긴 거처를 모르기 때문에 안티오키아의 율리아는 계속 이알리소스로 생활비를 보내고 있는 것 같았다.

"마리아님께서는 우리가 좀 어렵더라도 벌어서 쓰자고 하시더군. 여자들은 삯바느질을 하고, 유다는 베다니에서 배운 솜씨로 공방에서 일하고 있지. 그런데, 함께 데리고 온 아이는 누군가?"

"아, 제가 바벨론에서 아들로 삼은 아리오크입니다."

"아리오크?"

그가 인사를 하자 마르코스가 소개를 덧붙였다.

"느부갓네살 왕 때에 시위대 장관이었던 아리오크의 후손이죠."

"허어, 대단한 보물을 얻었군."

주택가로 들어선 요한은 이알리소스의 오미루 거리처럼 복잡한 골목길을 여러 번 돌더니 아담한 집 앞에 섰다. 그가 들어서며 큰 소리로 말했다.

"어머니, 예루살렘에서 손님이 왔습니다."

안에서 여자들의 음성이 한꺼번에 흘러나왔다.

"예루살렘에서?"

머리가 하얗게 센 예수의 모친 마리아와 요한의 모친 살로메 그리고 막달라의 마리아가 달려나왔다. 온 손님이 마르코스와 로데인 것을 알아보고는 모두 얼싸안으며 반가워했다.

"어머니는 안녕하신가?"

"네, 늘 세 분 이야기를 하십니다."

마르코스는 그들이 궁금해 하지 않도록 예루살렘 소식을 상세히 전했다. 사마리아 사람들과 유대인간에 분쟁이 있었으나 잘 해결되었고, 야고보가 베다니 공동체를 잘 이끌고 있으며, 그의 아들 요셉은 베네토에 가 있다는 이야기까지 다 말해 주었다. 마리아가 다시 말했다.

"부친의 기업을 다시 일으켰다니 다행이야."

"어머니의 힘이 컸지요."

"내가 보니, 그 사람이 본래 좀 수완이 있어 보이더라구."

"잘 보셨습니다."

"게바는 지금 어디 있어?"

"바벨론에 계셨는데 지금쯤 아마 페르시아로 가셨을 것입니다."

"참, 이 아이 아리오크는……."

요한에게 말했던 것과 똑같이 마리아에게도 아리오크를 소개했다. 아들을 삼기로 했다고 말하자 벌써 귀밑머리가 희끗거리는 막달라의 마리아가 말했다.

"마르코스도 장가들 나이를 많이 넘긴 것 같은데."

그가 로데를 힐끗 보며 대답했다.

"기다리다 보면 좋은 소식이 있지 않을까요?"

여인들과 함께 예루살렘 이야기를 나누고 있던 마르코스는 기회를 보아 요한에게 다가앉으며 말했다.

"잠깐 말씀드릴 것이 있는데요."

"그럼 들어볼까?"

그들은 로데와 아리오크를 세 여인과 함께 방 안에 남겨 두고 밖으로 나왔다. 요한은 자신이 유다와 함께 쓰고 있는 방으로 마르코스를 안내했다.

"유다님은 어디 가셨나요?"

"공방의 작업 시간이 끝나려면 아직 멀었거든."

"아……."

"그런데, 무슨 일인가?"

"실은, 바벨론에 갔을 때 페트로스님과 중요한 일을 했습니다. 지난번 예루살렘에 오셨을 때에도 느끼셨겠지만, 주님의 행적과 가르침이 기록으로 남아 있지 않아서 시간이 지남에 따라 복음의 변질이 우려되고 있습니다."

"그래서?"

"일단 페트로스님이 기억하고 계시는 것을 제가 받아 적었습니다."

그는 품에서 파피루스 사본을 꺼내 요한에게 건넸다. 레위가 그랬듯이 요한도 송아지 가죽 표지에 적혀 있는 글자를 들여다 보았다.

"카타 마르콘……"

"페트로스님이 직접 적어 주신 제목입니다. 마르코스가 기록한 복음서라는 뜻이지요."

"수고를 많이 했군."

"그러나 이 책은 완전하지 않습니다. 페트로스님이 기억하고 있는 부분만 적었기 때문에 요단강에서 주님을 처음 만났던 때의 이야기, 고난당하시기 전 초막절에 예루살렘에 가셔서 수전절까지의 이야기, 또 죽은 라사로를 살려낸 이야기 등이 빠져 있습니다. 그리고 예루살렘에 입성하시던 날 왜 문둥이 시몬의 집에서 식사했는지, 그 이유들이 다 빠져 있습니다. 그리고,"

"그리고?"

"겟세마네 동산에서 마지막 기도를 하실 때 페트로스님은 일찍 잠드셔서 그 첫 부분만을 기억하고 계셨습니다. 그러나 요한 사도께서는 더 자세한 내용을 알고 계실지도 모른다고 말씀하셨습니다."

"그래서?"

"페트로스님은 요한 사도께서 여기 빠진 내용들을 보충해 주셔야 완전한 복음서가 될 것이라고 말씀하셨습니다."

그 말을 듣고 요한이 한숨을 쉬었다.

"기어코 내게 떠넘기려고."

"무엇을 말씀입니까?"

"그런게 있다네."

"궁금하군요. 페트로스님도 그랬고, 예루살렘에 계신 사도들도 그렇고, 모두들 뭔가 드러내지 않고 있는 것이 있는 듯 했습니다."

"그냥, 별로 유익하지 않은 일이기 때문이지."

"율법서나 선지자들의 글도 그랬듯이 하나님의 말씀은 유익하지 않은 것들까지 다 사실대로 적어 놓아야 가치가 있습니다."

"시간이 지나다 보면 하나님께서 판단해 주시겠지."

"이미 가롯의 유다는 목을 매었고, 야고보 사도께서 수난을 당하셨지만, 도마, 나다나엘, 다대오, 열심당 출신의 시몬 사도들은 외지에 나가 계시고 12제자 중 빌립, 안드레, 레위와 야고보 형제분만 베다니에 남아 계십니다."

이태 전 예루살렘 회의 때 참석했던 요한도 그것을 잘 알고 있었다.

"무슨 사연이 있었는지, 말씀해 주실 수 없습니까?"

마르코스가 그렇게 계속해서 조르자 요한이 한참을 생각하다가 숨을 길게 내쉬며 마침내 입을 열기 시작했다.

"사람들이 알기로는"

"네?"

"가룟의 유다가 제사장들의 돈을 받고 주님을 배반한 것이라 하는데, 실은 우리들 모두가 주님을 배반했던 거야."

"잡히시던 날 밤에 모두들 도망쳤기 때문에요?"

도망친 것으로 말하면 마르코스 역시 마찬가지였던 것이다.

"그보다 더 큰 일이 있었지."

"네?"

"자네도 들었겠지만, 대제사장과 서기관들이 주님께 늘 무슨 권세로 이런 일을 하느냐고 물었는데, 실은 우리들 모두도 마찬가지로 그 권세에만 관심이 있었어. 주님께서 세 번씩이나 고난당하실 일을 말씀하셨는데도 우리는 깨닫지 못한 채 누가 더 크냐는 것을 두고 다투었지."

"페트로스님도 그런 말씀을 하셨습니다."

"그 중에서도 제일 욕심과 시기심이 많은 자가 바로 나였어."

"나이가 제일 어렸는데도?"

"처음에 요단강으로 세례자 요한을 찾아간 것도 그분이 메시야라면 그 밑에 들어가 출세를 하려고 했던 거야. 안드레는 설득해 내가 데려갔고, 그의 형 시몬은 우리 뒤를 밟아왔던 거지."

"그런데 왜 주님을 떠났습니까?"

"아무래도 우리가 생각했던 메시야는 아닌 것 같았거든. 그런데 내가 아버지와 함께 가나에서 있었던 혼인 잔치에 초대받아 참석했다가 놀라운 일을 목격하게 되었지. 물이 포도주로 바뀌는 기적이 일어난 거야."

"저도 그 이야기를 들었습니다."

"그런데 주님이 게네사렛 호수로 우리를 찾아오셨지. 그리고 지난 일을 묻지 않으신 채 나를 따르라고 하셨어. 주님께서는 12명을 제자로 삼으셨는데, 그 중에서는 아무리 보아도 내가 으뜸인 것 같았지."

그 때부터 요한의 야망은 본격적으로 커지기 시작한 것 같았다.

"그래서요?"

"그런데 내 야망에 걸림돌이 생겼어. 우리가 예루살렘에 올라가면 늘 라사로의 집에서 숙식을 해결했는데, 주님께서 그 라사로와 각별하게 지내시는 거야. 그래서 내 시기심이 발동했지. 주님께서 왕이 되실 때 라사로에게 높은 자리를 내주지 말자고 내가 동료들을 선동했어."

"모두들 그 말에 찬성했나요?"

"물론이지. 그들은 모두 갈릴리 출신이었거든."

"그래서요?"

"수전절 날 유대인들이 우리를 죽이려고 했기 때문에 베뢰아 지방에 내려가 피신 중일 때 라사로가 병들었다는 연락이 왔지. 주님께서 다시 올라가자고 하셨으나 우리는 거기서 간신히 빠져나왔는데 또 죽으러 가느냐고 반대했지."

"그런데 죽었다고 연락이 왔군요?"

"주님께서는 라사로가 잠들었다고 하셨어. 물론 죽었다는 말씀이었지. 그러나 우리는 잠들었으면 깨지 않겠느냐고 비아냥거리며 가지 않았어."

"도마님은 주와 함께 죽으러 가자고 했다던데요?"

"그것도 비아냥이었지."

"그럼 결국은 아무도 가지 않았나요?"

요한이 고개를 끄덕였다.

"그리고 나중에 나만 혼자 몰래 뒤따라가서 일이 어떻게 되는가를 살폈는데, 죽은 지 나흘 된 라사로가 무덤에서 걸어나오는 것을 보게 되었던 거야."

"그래서요?"

"나는 모른 체하고 동료들에게 돌아와서 아무 말도 하지 않았어. 그대로 함께 갈릴리로 돌아가다가 길에서 주님을 만났지."

"난감했겠네요."

"그런데 주님은 아무 말씀도 없이 우리를 받아 주셨어. 그러나 우리는 그분과 함께 다니면서도 마음이 편치 못했지. 자꾸만 모여드는 아이들을 우리가 마구 밀어내니까 주님께서 말씀하셨어."

"뭐라고 하셨지요?"

"실족하는 일이 없을 수는 없으나, 소자 하나라도 실족하게 하는 그 자는 연자 맷돌을 목에 달고 깊은 바다에 빠뜨리우는 것이 나으니라."

요한은 한숨을 쉬었다.

"그건 마치 나를 두고 하시는 말씀 같았어."

"언제까지 그렇게 불편했나요?"

"성미 급한 게바가 먼저 주님께 물었지. 용서는 몇 번까지 할 수 있느냐고. 그러자 주님께서 말씀하셨어. 일흔 번씩 일곱 번이라도 용서하라고. 그제야 우리는 주님께서 우리를 용서하신 것으로 믿고, 따를 수가 있었지."

"그랬군요."

"예루살렘에 입성하신 날, 아마도 라사로는 그의 집에서 주님과 우리를 대접하려고 했겠지. 그 때 마침 문둥이 시몬의 집에서 초청이 왔고 우리가 그리로 가자고 했던 거야. 그래서 유월절 식사도 자네 집에서 하게 되었고."

마르코스의 질문은 감람산으로 옮겨졌다.

"겟세마네에서…… 주님의 마지막 기도를 얼마나 들으셨나요?"

요한이 고개를 끄덕였다.

"적어도 페트로스보다는 내가 늦게 잠들었으니까."

"기도에 어떤 내용이 있었습니까?"

요한은 또 길게 한숨을 쉬었다.

"한 마디로, 제자들이 하나가 되게 해 달라는 기도였어."

"그랬군요."

마르코스는 그 때를 기억하며 슬픔에 잠겨 있는 그를 위해 잠시 기다리고 있다가 다시 질문을 시작했다.

"그럼, 골고다에 혼자 가셨던 것은 어떻게 된 건가요?"

"모두가 도망쳤고 나도 함께 도망치다가 갑자기 생각이 달라졌어."

"어떻게요?"

"혹시 골고다 그 현장에서 주님이 메시야로서의 권능을 나타내고, 새 나라를 선포하실 수도 있는 거야. 그렇다면 나만은 도망치지 않았다는 충성심을 보여야겠다고 골고다로 달려갔는데 주님은 이미 십자가에 달려 계셨어."

"그래서요?"

"주님은 내게 그 모친을 부탁하시더군."

그제야 헝클어져 있던 마르코스의 머릿속이 좀 밝아오는 것 같았다. 그는 한 가지 남은 것을 더 물어보았다.

"그런데, 페트로스님은 티베리아스에서 부활하신 주님을 만난 이야기도 요한 사도께서 쓰셔야 한다고 했는데, 왜 그러셨는지 모르겠군요."

"그럴만한 이유가 있지."

"페트로스님께 네가 나를 사랑하느냐고 세 번 물으셨다죠?"

"그 물음에 세 번 대답하게 해서 세 번 부인한 것을 치유해 주신 거야."

"그런데 왜?"

"주님께서는 다시 그에게 말씀하셨어. 네가 젊어서는 스스로 띠를 띠고 마음대로 다녔으나, 늙어서는 네 팔을 벌려서 남이 네게 띠를 띠우고 네가 원하지 않는 곳으로 데려가리라."

"그런데요?"

요한이 또 처연한 얼굴로 말했다.

"페트로스가 내게 관한 일까지 여쭤 본 거야. 이 사람은 어떻게 되겠느냐고 여쭈니까 주님께서 말씀하셨어. 내가 올 때까지 그를 머물게 하고자 할지라도 네게 무슨 상관이냐? 너는 나를 따르라."

"그게 무슨 뜻일까요?"

"나만 그것을 알고 있으나 아마 페트로스도 알았을 거야. 그래서 자기 입으로 말할 수 없다고 했던 것이지."

"어쨌든 선생님."

마르코스가 그를 위로하기 위해 말했다.

"그 12명 제자뿐 아니라, 저를 비롯해 모든 사람들이 주님을 때리고 그분을 배반한 죄인들입니다. 그래서 그분이 십자가에 달리셨던 것이지요. 그러나 하나님께서 도망친 저에게 장사를 시키시고 크리스티아누스들을 돕게 하신 것처럼, 선생님께 도 기대하시고 시키시는 일이 있을 것입니다."

요한의 눈이 젖어들고 있었다.

"그랬으면 좋겠네만."

그 때 공방의 일을 끝낸 유다가 들어오는 기척이 들렸다. 마르코스는 자신도 눈시울이 뜨거워지는 것을 느끼며 말했다.

"언젠가는 선생님께서 이 책에 빠진 것을 보충하실 날이 오겠지요."

"기대하지는 말게."

그러나 마르코스는 고개를 저었다.

"아뇨. 카타 요안넨, 요한에 의한 복음서가 나오도록 기도하겠습니다."

마르코스 요안네스

　카미로스를 떠날 때 마르코스는 역참 마방에 들러 나귀 한 마리를 빌렸다. 그리고 자꾸만 사양하는 로데를 억지로 마귀에 태웠다.
　"왜 나를 태우려고 해요?"
　"한번 그렇게 해 보고 싶었어."
　"무슨 취미에요?"
　"마리아님의 남편 요셉이 만삭이 된 아내를 데리고 베들레헴으로 갈 때 나귀에 태웠다고 들었거든."
　"그 때 마리아님은 만삭이었지만 난……."
　거기까지 말하다가 로데는 얼굴이 빨개졌다. 아리오크가 그녀를 올려다보며 놀려댔기 때문이었다.
　"처음과 나중이 다 중요하니까."
　로데를 무안하게 해 놓고 아리오크는 아가서의 노래를 흥얼거렸다.

북풍아 일어나라, 남풍아 오라
나의 동산에 불어서 향기를 날리라
나의 사랑하는 자가 그 동산에 들어가서
그 아름다운 열매 먹기를 원하노라

장미 향기가 날리고 유도화 꽃이 흐드러지게 핀 사이로 노란 나리꽃들도 다투어 고개를 내밀고 있었다. 로데는 깊이 숨을 들이쉬었다. 일곱 살 때부터 좋아하기 시작해 11년 동안 사모해온 그 남자가 자신이 탄 나귀를 끌고 있었다. 정말 아가서의 주인공처럼 왕의 연인이 된 것 같았다.

"마리아님에게서 아인가림에 가셨던 이야기를 들었어요."

"아인가림에?"

"가브리엘 천사가 예고한대로 잉태한 마리아님이 아인가림에 사는 이종 사촌 엘리사벳이란 분을 찾아 갔었대요."

"그래서?"

"그분의 남편 사가랴 제사장이 6개월 전 성소에서 분향할 때 가브리엘 천사가 나타나서 네 아내 엘리사벳이 잉태하여 아들을 낳으리라고 말했대요. 그분 내외가 모두 나이가 많았으나 자식이 없었거든요."

"그런데?"

"천사가 또 말하기를, 그 아이가 자라서 엘리야의 심령과 능력으로 주의 앞에 가서 그를 위해 세운 백성을 예비하리라고 했다는군요. 그 아이가 잉태된 지 6개월 되었을 때 마리아님이 아인가림으로 가셨던 거예요."

"그러면 그 아이가……?"

"마리아님을 보자 엘리사벳이 큰 소리로 말했대요. 주님의 모친이 내게 오니 이게 어찌 된 일인가? 네 인사하는 소리가 내 귀에 들릴 때에 아이가 내 복중에서 기쁨에 넘쳐 뛰놀았단다."

"그 아이가 세례자 요한이었군."

"맞았어요."

"그리고 다른 이야기는 못 들었어?"

"베들레헴으로 호적하러 올라갔을 때의 이야기도 들었어요. 동방의 마구스들이 찾아왔을 때에는 산모와 아기가 객관에 있었다고만 들었는데, 마리아님이 아기를 분만한 곳은 마구간이었다네요."

"뭐라구?"

"객관에 방이 없었대요. 그래서 할 수 없이 마구간에 들어가서 해산을 하고 아기를 강보에 싸서 구유에 뉘었다는군요."

"저런."

그것이 메시야로 온 아기의 탄생이었다.

"아기를 처음 찾아와 경배한 것도 동방의 마구스가 아니라 목자들이었대요."

"목자들이?"

"밤에 들에서 양떼를 지키던 중에 천사가 나타나 말했대요. 무서워 말라, 내가 온 백성에게 미칠 기쁜 소식을 너희에게 전한다. 다윗의 동네에 너희를 위해 구주가 나셨으니 곧 그리스도 주이시다. 너희가 강보에 싸서 구유에 누인 아기를 볼 것이니 그것이 너희에게 표적이 될 것이다. 그리고……"

"그리고?"

"그렇게 말할 때 홀연히 수많은 늘 군대가 타나나 천사와 함께 하나님을 찬송했대요. 지극히 높은 곳에서는 하나님께 영광이요, 땅에서는 기뻐하심을 입은 사람들 중에 평화로다."

"그 목자들이 마구간으로 아기를 찾아왔겠군."

"네. 그들이 와서 보고 들은 것을 다 말해 주었다는군요."

"또 다른 이야기는?"

"정결의 예식을 위해 아기를 데리고 예루살렘에 갔을 때, 시므온이라는 사람이 아기에 대해 예언한 일과 여선지자 안나가 아기를 축복한 것도 말씀했고, 12살 때 예루살렘에 올라가 랍비들과 토론한 일들을 얘기해 주셨어요."

"그런 것도 요한 사도가 기록하면 좋을 텐데."

"이태 전에 루카스 의원이 여기 들렀을 때 그 이야기를 자꾸 캐물어서 말해 주었더니 그가 자세히 적었다고 하던데요."

그가 생각했던 대로 의사에게는 일의 경위를 정리하고 잘 적어두는 습관이 있었던 것이다. 요한은 물론이고 마태오스로 이름을 바꾼 레위와 의사 루카스가 모두 복음서를 기록해서 다 합치면 완벽한 자료가 될 것 같았다. 그런 마르코스의 생각을 짐작했는지 아리오크가 그를 바라보며 물었다.

"루카스님은 필립포이에 계신다죠?"

"율리아 지점장이 필립포이에 남아 있다고 했지."

이알리소스 항이 다가오자 로데가 물었다.

"오빠는 어디로 갈 거예요?"

로데는 욥바 항에서 내려 예루살렘으로 올라가게 되어 있었다.
 "루디아와 무시아 쪽의 판매망을 만들기 위해 에게 해안을 한 바퀴 돌 거야. 몇 달 후면 예루살렘으로 돌아갈 테니까 그쪽 일을 잘 부탁해."
 다브네스와 결혼한 아레스가 당분간 알렉산드리아에 가 있을 것이므로 예루살렘의 일을 챙겨 관장할 사람은 모친과 로데뿐이었다.
 "염려 마세요."
 "혹시 아그립바 왕이나 펠릭스 총독 쪽과 관련된 문제가 생기면 느다넬 지점장과 의논을 하고, 필요하면 삭개우스 선생님이 나서도 될 거야."
 "알겠어요."
 "피데스의 크라투스와도 연락을 긴밀하게 하고."
 "그분도 곧 결혼한다죠?"
 "결혼을 하더라도 안티오키아에 있을 테니까. 베네토 공사에 관한 일은 정기적으로 내게 상황을 알려 줘. 가는 곳마다 예루살렘에 소재지를 알릴 테니까."
 "그럴게요."
 부두에 들어서서 배를 타기 전에 로데는 아리오크의 볼에 입을 맞춘 다음 마르코스를 바라보았다.
 "혹시······."
 "왜?"
 "아기가 태어나면 이름을 뭐라고 할래요?"
 아버지가 그에게 마르코스라는 이름을 붙여 주었듯이, 그의 자녀에게도 넓은 세계를 상대로 일할 수 있는 이름을 주고 싶었다.

"마리우스 요안네스."

"만약 딸이라면?"

"물론 마리아라고 해야지."

마리우스의 여성형인 마리아는 본래 히브리 이름 미리암을 헬라식으로 바꾼 것이었다. 그 이름이 쓰다는 말에서 나왔다고는 하나 그가 아는 마리아는 어머니 마리아를 비롯해서 예수의 모친 마리아, 막달라의 마리아, 라사로의 누이 마리아, 구레네 시몬의 아내 마리아 등 모두가 좋은 사람들이었다.

"욥바에 내리면"

로데가 욥바행 배에 오를 때 그가 말했다.

"먼저 갖바치 시몬을 찾아가서 경호할 사람 두 명을 붙여달라고 부탁해. 욥바에서 예루살렘까지는 돈 아끼지 말고 꼭 나귀를 타라구."

로데가 그를 바라보며 눈을 크게 떴다.

"뭘, 경호원까지."

"그래야 해. 넌 내게 매우 소중한 사람이거든."

마르코스 요안네스

배가 보드룸과 코스 섬 사이를 빠져 칼림노스를 지나자 아테나 신전과 부채꼴 모양의 밀레토스 극장이 나타났다. 아테네 사람들이에게 해를 건너 진출한 소아시아의 서해안 일대가 이오니아였다. 이오니아는 밀레토스를 중심으로 헬라와 동방의 문화를 접속시켜 독특한 이오니아 학파를 배출했다. 그 대표적 인물이 675년 전 밀레토스에서 태어난 탈레스였다.

"탈레스가 만물의 근원은 물이라고 했다면서요?"

마르코스를 따라다니면서 아리오크는 어린 나이에 탈레스의 메타피지카 강의를 기억할 정도로 많이 유식해졌다.

"그는 통상과 교역에 능한 상인이었거든."

"아빠가 왜 탈레스를 좋아하는지 알 만하군요."

"그는 하나님과 가장 가까운 곳에 있던 사람이야."

아리오크가 고개를 갸웃거렸다.

"탈레스는 신보다 물질과 현상을 더 중요시했다면서요?"

"페니키아식의 몽상적인 신화를 인정하기 않았기 때문이야.

페니키아 신화나 그것을 물려받은 헬라 신화는 모두 사람이 꾸며낸 이야기이기 때문에 사물을 정확히 파악하는 데 방해가 된다고 여겼던 것이지."

"그래서 논리학을 가르쳤군요?"

애굽에 갔을 때 막대기 하나로 피라미드의 높이를 계산한 것이 탈레스 논리학의 대표적인 사례였다. 그는 막대기의 기장과 그림자의 길이를 피라미드의 그림자 길이와 비례식으로 풀어 피라미드의 높이를 계산해 냈던 것이다. 그는 이미 지구가 둥글다는 것도 알았고, 일식과 월식을 예측했다.

"그에게서 비로소 학문이라는 것이 시작되었지. 철학자 소크라테스와 아리스토텔레스가 그의 영향을 받았고, 수학에서는 유클리드와 아르키메데스 같은 뛰어난 학자들이 나왔거든."

"피타고라스와 플라톤을 왜 빼는 거죠?"

"탈레스의 이름을 팔아 사람을 미혹한 사기꾼들이니까."

"왜 그랬을까요?"

"학문을 떠나 자신들이 모르는 일에 개입했기 때문이지. 사람들은 인간성을 무시한 플라톤의 공화국에 억눌려 살아 왔고, 피타고라스의 마법에 걸려들어 방황해 왔어. 앞으로도 인간은 그들의 거짓말에 속아 파국을 맞을 거야."

"시몬 마구스의 속임수처럼요?"

"그렇지."

배가 극장 앞을 지나 밀레토스 항으로 들어설 때 아리오크가 말했다.

"아, 이제야 알겠어요."

"무엇을?"

"왜 탈레스가 하나님과 가장 가까운 곳에 있었다고 했는지."

"네가 알아낸 것을 말해 보렴."

"하나님은 사람이 꾸며낸 이야기 속의 존재가 아니라, 가장 현상적이고 실재적인 존재라는 거죠? 탈레스는 물이 만물의 근원이라고 했는데, 성경에도 처음에 물이 있었어요."

"하나님의 영이 수면에 운행하시니라."

"역시 탈레스는 하나님과 가장 가까운 곳에 있었어요. 탈레스의 수면에 성령이 임하시면 창조가 시작되는 거죠."

마르코스가 아리오크의 어깨를 안았다.

"아리오크, 네가 진짜 예수의 제자로구나."

부두에 내린 그들은 세관을 통과하여 건축가 히포다모스가 설계한 바둑판 모양의 시가를 지나 남쪽의 광장으로 걸어 들어갔다.

"대단하네요."

아리오크가 감탄을 했다. 바벨론만 큰 성인 줄로 알았는데 오래전부터 교역의 중심지가 되어온 밀레토스는 그 화려함에서 바벨론을 능가하고 있었다. 수공예품과 금속 제품 생산의 본거지답게 광장의 상점가에는 밀레토스뿐 아니라 여러 지역에서 들어온 명품들이 진열되어 있었다.

"세바스테 제품도 있네요."

아리오크가 세바스테에서 생산된 제품을 찾아내고 반가워했다.

"그러나 아직 최고의 수준은 아니야."

어디선가 거상 탈레스가 걸어나올 것만 같은 상점가를 둘러보며 다니다가 마르코스는 크라투스가 소개한 상점을 찾아냈다.
"저, 여기가 카우노스란 분이 운영하는 상점인가요?"
그러자 마르코스와 나이가 비슷해 보이는 사내가 나오면서 대답했다.
"제가 카우노스인데, 왜 그러시죠?"
"아……"
마르코스가 사내에게 고개를 숙여보이며 자신을 소개했다.
"저는 이드란 상회의 마르코스입니다."
사내가 놀라며 다시 물었다.
"그럼 마르코스 요안네스 대표님이십니까?"
"네, 그렇습니다."
카우노스가 반가와 하며 그를 얼싸안았다. 그는 오래 전부터 안티오키아의 율리아와 거래를 하고 있었던 것이다.
"잘 오셨습니다, 꼭 만나고 싶었습니다."
아리오크를 인사시키고 나서 권하는 자리에 앉으며 마르코스가 말했다.
"밀레토스는 아테네에서 건너온 이오니아인들이 건설해서 아테나 여신과 관계가 밀접할 것 같은데, 이 상점에는 아테나 여신을 비롯해서 여러 신들의 상이나 그림이 보이지 않는군요."
"그것이 밀레토스의 자존심이죠."
"네?"
"밀레토스의 자랑은 아테나 여신이 아니라 학자 탈레스거든요. 그의 영향 때문에 이곳 사람들은 사람이 만들어낸 신들에 관심이 별로 없어요. 다른 지방에서 온 여행객들이나 가끔 그런 것을 찾는 정도랍니다."

"그래도 다른 데는 조금씩 있는데 이 상점은 전혀 없네요."

"우리 상점은 아버지 때부터 그랬지요."

"부친께서 왜?"

"지금으로부터 21년 전이었습니다. 아버지가 예루살렘에 볼일이 있어 갔다가 나사렛 예수의 제자들이 헬라어로 전도하는 것을 들었답니다. 당시는 아버지가 그들이 말하는 소위 이방인이어서 세례를 받지 못했으나, 그 가르침에 감동을 받아서 유대의 경전을 구해 공부하고 있었지요."

"그랬었군요."

"그런데 유대의 율법서에는 우상을 섬기지 말라는 계명이 있다더군요."

"사람이 만든 신을 믿지 말라는 거죠."

"그것이 탈레스의 주장과 통했던 거죠."

마르코스가 진열된 제품들을 둘러보다가 말했다.

"그동안도 카우노스님의 상점과 거래를 하고 있었습니다만 제가 이번에 온 것은 밀레토스에 대리점 개설이 필요할지를 검토하기 위해서입니다. 이곳에 대리점을 개설할 이유를 찾는다면 어떤 것이 있을까요?"

"밀레토스는 그동안 갈라티아와 갑파도키아에서 들어오는 물품과 지중해에서 들어오는 상품을 바꾸는 곳으로 알려졌지만 실은 더 큰 장사가 있지요."

"그게 무엇이죠?"

"흑해 연안에서 나오는 상품들을 지중해로 실어내고 지중해 쪽에서 오는 물품을 흑해 지역으로 들여보내는 것입니다. 모든 배들이 에게 해의 대표 항구인 밀레토스를 거쳐 에게 해를 지나 트로아스에서 마르마라 해로 들어가고 보스포루스 해협을 거쳐 흑해로 들어갑니다."

지중해에서 에게 해로 들어가는 입구가 밀레토스이고 에게 해에서 흑해로 들어가는 관문이 트로아스라는 것이었다.

"그 물동량이 상당하겠군요."

"보스포루스 해협을 드나드는 배가 꼬리에 꼬리를 물 정도입니다."

고개를 끄덕이며 듣던 마르코스가 자리에서 일어섰다.

"밀레토스는 수공예품과 금속 제품의 명산지인데 괜찮으시다면 몇 군데 공방을 좀 견학할 수 있겠습니까?"

"물론입니다. 제가 안내를 하지요."

마르코스와 아리오크를 안내하면서 그가 말했다.

"저도 한 가지 부탁을 드리면 안 될까요?"

"말씀하세요."

"크라투스에게 들은 이야기로는 대표님 댁이 나사렛 예수와 특별한 관계가 있다더군요. 아무래도 오늘은 밀레토스에서 묵으셔야 할 것 같은데, 그분에 관한 이야기를 저희 가족에게 좀 들려주실 수 있겠습니까?"

"알겠습니다, 그렇게 하지요."

마르코스 요안네스

    마르코스와 아리오크는 밀레토스에서 처음에 계획했던 일정보다 여러 날을 더 체류했다. 밀레토스에 대리점을 개설하기로 결정했기 때문에 기초적인 조사가 더 필요했고, 카우노스와 그 가족들에게 유대의 율법서와 선지자들의 글을 나사렛 예수와 관련시켜 소개하는 일에도 여러 날이 걸렸던 것이다. 그는 카타 마르콘의 거의 모든 내용을 그들에게 소개했다.
    "저희 욕심으로는"
    카우노스 상점과 대리점 계약을 체결한 마르코스가 밀레토스를 떠나는 날 카우노스는 아쉬운 얼굴로 말했다.
    "대표님이 계속 이곳에 주재하시면 좋겠습니다."
    "밀레토스는 카우노스님의 지역입니다."
    "장사보다는, 예수님의 가르침을 좀 더 듣고 싶어서."
    이상하게도 파울루스가 그동안 팜필리아, 피시디아, 갈라티아 쪽은 다 돌았는데 소아시아의 해안 지역은 빠져 있었다.
    "안티오키아에 훌륭한 교사 한 분이 여러 지역을 다니며 전도

하는 중인데 지금 코린도스에 계시거든요. 그분이 아마 곧 이곳에도 들를 것입니다."

"대표님께서도 시간이 되는대로 다시 들러 주세요."

"그렇게 하겠습니다."

카우노스와 작별하고 배에 오른 마르코스와 아리오크는 사모스 섬으로 향했다. 사모스 섬은 마르코스의 부친 이드란의 마지막 항로에 포함되어 있는 곳이었다. 알렉산드리아를 떠난 그는 두로와 셀류기아를 거쳐 사모스 섬에 들렀다가 아테네로 건너갔던 것이다.

"사모스 섬은 피타고라스가 태어난 곳이라죠?"

마르코스가 고개를 끄덕였다.

"상인 므네사르코스의 아들로 태어났지."

피타고라스는 탈레스보다 42년 후에 태어났다. 그는 밀레토스에 건너가 탈레스와 아낙시만드로스 밑에서 공부했으나 갑자기 애굽으로 가서 23년 동안 멤피스의 사제들로부터 점성술과 마법을 공부했다. 그리고 다시 바벨론으로 들어가 거기서 박수와 술객들로부터 밀교적 제의를 배웠다.

"피타고라스와 플라톤의 공통점이 뭔지 아니?"

"이름이 피(Π)로 시작된다는 것?"

"둘 다 운동선수 출신이야."

"그랬어요?"

"격투기와 씨름 경기에 나가서 곧잘 상을 타기도 했었지."

밀레토스와 사모스 섬 사이는 얼마 안 되는 가까운 거리였다. 사모스는 감람유와 포도가 생산되고 양질의 목재가 나오는 섬이었다. 피타고라스가 애굽과 바벨론으로 다니다가 사모스 섬으로 다시 돌아온 것은 60세 때였다.

"아버지는 왜 이 섬에 왔을까?"

사모스에는 이드란 상회의 대리점도 없었고 아버지가 단골로 거래하던 상점도 별로 알려져 있지 않았다. 아무래도 피타고라스가 남겨 놓은 마술 비전 밖에는 아버지의 흥미를 끌만한 것이 없었다. 마르코스는 아리오크와 함께 부둣가의 한 작은 음식점에 들어가 점심을 먹으며 주인에게 말을 걸었다.

"사모스 섬은 피타고라스의 고향이라지요?"

"그렇다고들 합디다."

나이가 꽤 들어보이는 주인의 대답은 좀 퉁명스러웠다.

"제가 알기로는 피타고라스가 60살쯤 되어 사모스에 돌아왔다고 하던데 왜 얼마 못살고 크로토네로 옮겨 갔나요?"

"살기 싫어서 갔겠지."

"밖에 나가서 공부한 것으로 고향에서 좋은 일을 하고 싶었을 텐데."

"별로 좋은 일을 안했던 모양입디다."

"네?"

"젊은 아이들에게 이상한 것이나 가르치고."

"무엇을요?"

"사람이 죽으면 닭으로 태어나니까 닭고기를 먹지 말라든가."

"그것뿐이었나요?"

"수 없이 많았다더군. 콩을 먹으면 벌을 받는다, 떡을 먹을 때 손으로 뜯지 말라, 쇠로 불을 젓지 말라, 제비가 지붕에 집을 짓지 못하게 하라든가…… 마치 사람을 묶어 놓고 즐기는 사람 같았지."

유대의 율법사들이 612개의 까다로운 규례를 만들어 놓고, 백성들에게 지키라고 강요하며 압제했던 것과 똑같은 일이었다.

"사람들이 말하기로는 당시의 참주 폴리크라테스가 독재를 했기 때문에 마음에 안 들어 떠났다고 하던데."

"참주가 미워할만한 짓을 많이 했으니까."

"네?"

"주민들의 생활을 다 간섭했으니 좋아할 참주가 어디 있겠소?"

마르코스는 잠시 주인의 눈치를 살피다가 물었다.

"그런데, 몇 년 전부터 여기서 식당을 하셨습니까?"

"한 30년 되었지."

"제 아버지가 24년쯤 전에 이 식당에 한번 들른 적이 있다던데."

"그 땐 내가 장가도 들기 전이로군."

"혹시 이드란 상회의 이드란이라는 사람을 모르십니까?"

주인은 고개를 저었다.

"모르겠는데."

"피타고라스의 책을 구하려고 여기 왔었다던데."

"책……?"

갑자기 주인이 뭔가 생각난다는 듯 눈망울을 굴리더니 물었다.

"혹시, 마술책?"

마르코스가 큰 소리로 대답했다.

"네, 바로 그겁니다."

"두 사람 중에 누가 자네 아버지였지?"

"다른 사람도 있었습니까?"

주인은 고개를 갸웃거리더니 다시 말했다.

"처음 사람이 왔다가 돌아간 지 며칠 후에 또 다른 사람이 와서 마술 책을 찾았거든. 그래서 내가 기억을 하게 된 거야."

"둘 중의 누가 책을 구했나요?"

그러나 주인은 다시 고개를 가로 저었다.

"두 사람 모두 책을 구하지 못한 채 그냥 돌아갔지."

"왜 그 책을 여기서 찾으려 했을까요?"

"피타고라스가 사모스를 떠날 때 폴리크라테스 참주가 그의 두루마리 중 하나를 압수했다는데 그의 후손을 찾을 수가 없었거든. 후에 피타고라스가 다른 사람을 시켜서 그것을 비싼 값으로 다시 사들였다는 소문도 있고."

결국 사모스에서 아무 소득도 없었으나, 아버지가 피타고라스의 마술 비전을 입수하기 위해 다녔다는 것은 확인이 되었다. 또 아버지 말고도 누군가 그것을 찾아다닌 사람이 있다는 것도 알게 되었다. 어쩌면 그는 마술사 시몬일 수도 있고, 그의 수하인 하닷일 수도 있었다.

마르코스 요안네스

사모아 섬 건너편에 있는 에페소스는 300스타디아 남쪽의 밀레토스와 경쟁 관계에 있으면서도 매우 다른 도시였다. 둘 다 이오니아인이 개척한 항구지만 밀레토스가 합리적인 상인들의 교역 도시라면, 에페소스는 여행자들이 많이 드나드는 소비와 향락의 도시였다. 항구에서 대극장으로 들어가는 아르카디아네 대로변에는 대형 욕장과 상점과 유흥업소가 즐비했다.

"아빠, 저것 좀 보세요."

상점에서 팔고 있는 여신상의 가슴에는 20개의 유방이 달려 있었다. 아르테미스 여신이었다.

"아르테미스 여신이란다. 에페소스의 수호신이지."

아리오크가 고개를 갸웃거렸다.

"그런데 어쩌다 저런 모습이 된 거죠?"

"다산과 풍요를 상징하는 아나톨리아의 지모신과 섞어 놓은 거야."

아르테미스는 아폴론의 쌍둥이 누이로, 사냥과 달의 여신이었다. 아테네 사람들은 이오니아 지역에 식민지를 개척할 때 토착인들과의 공존을 위해 종교 혼합 정책을 썼다. 그 정책에 따라 에페소스를 건설하면서 달의 신 아르테미스가 소아시아의 지모신과 섞여 많은 유방을 달게 되었던 것이다.

"헬라의 신들은 융통성이 꽤나 많군요."

밀레토스의 극장보다 배나 더 큰 에페소스 극장 뒤로 피온의 언덕이 보였다.

"저 언덕 너머에 세상에서 가장 큰 신전이 있지."

"아르테미스 신전인가요?"

마르코스가 고개를 끄덕였다.

"아테네에 있는 아테나 신전의 4배 크기라고 들었다."

"한번 볼 기회가 있을까요?"

"여기 머무는 동안 모두 돌아보자꾸나."

그들은 극장 오른쪽에 있는 아래 광장으로 들어섰다. 광장의 상점가도 온통 아르테미스 여신의 신상과 벽감과 장식품들로 꽉 들어차 있었다. 가장 큰 데메트리오스 상점을 지나 비교적 깔끔하게 정돈되어 있는 알렉산더 상점으로 들어섰다.

"어서 오세요."

안에서 걸어나오던 주인이 반색을 했다.

"마르코스 대표님이 아니십니까?"

그는 유대인이었고, 예루살렘에 왔을 때 만난 적이 있었다.

"베다니 제품의 평판은 어떻습니까?"

"품질은 상급이지만, 이 지역이 워낙 특별해서."

알렉산더 상점이 다른 곳보다 덜하지는 했으나 역시 장식품들은 아르테미스 여신과 관계된 것이 많이 섞여 있었다.
"주로 페니키아 상인들이 많이 설치겠군요?"
"그렇습니다."
마르코스를 안내하던 그가 궁금한 듯 물었다.
"에페소스에는 어떻게 오셨습니까?"
"지점 설치가 필요할지 타당성을 따져 보려구요."
"밀레토스에도 들렀나요?"
"네. 카우노스 상점과 대리점 계약을 하고 오는 길입니다."
"에페소스와 밀레토스는 거리가 300스타디아 밖에 안 되어서 별도로 거점을 만드실 필요는 없을 것 같군요. 지점을 설치하시려면 오히려 페르가몬이나 트로아스가 나을 거구요."
"그럴 것 같네요."
"여기 계시는 동안 제게도 대접할 기회를 주십시오."
"물론입니다."
마르코스는 알렉산더 상점을 나와 다시 광장을 둘러보았다. 상가 옆으로는 화장을 짙게 한 창녀들이 허리를 흔들며 여행자들에게 수작을 걸고 있었다. 특이한 것은 그런 사치와 유흥의 광장에도 담론하는 학자들이 있다는 점이었다. 뿐만 아니라 상점가 뒤로는 체육관과 학당들도 있었다.
"여기 오래 머물 건가요?"
아리오크가 물었다.
"글쎄다, 밀레토스보다 큰 도시이기는 한데."
그들은 광장을 빠져나와 크레테스 거리를 올라가기 시작했다. 총독의 청사를 지나 음악당 건너편에 윗 광장이 있었다. 그들이 광장을 가로지르자 갑자기 남자들이 외치는 소리와 창검 부딪는 소리가 들렸다.

"무슨 일이 난 모양인데요."

"아니야, 연무장이다."

그곳은 투란노스 군정관이 운영하는 연무장이었다. 교관의 구령에 따라 젊은이들이 창과 검을 휘두르며 무예를 훈련하고 있었다. 땀을 흘리며 훈련하던 젊은이들이 목욕탕으로 들어가자 마르코스는 교관에게로 다가갔다.

"혹시, 트로피모스란 분을 아십니까?"

교관이 마르코스를 바라보았다

"전데요."

"아, 저는 안티오키아에서 온 마르코스입니다. 크라투스 필롤로구스가 소개하여 찾아왔습니다. 로마 군사학교의 동기라고 들었습니다만."

"그러면 이드란 상회의 대표이신?"

"그렇습니다."

"한번 뵙고 싶었습니다. 잠깐 안으로 들어가실까요?"

그는 마르코스와 아리오크를 건물 안으로 안내했다. 건물 안에는 여러 개의 강의실과 강연장도 있었다.

"여기서는 무예와 병법을 강의하나요?"

"마당만 연무장으로 쓸 뿐, 안에서는 저명한 학자와 시인들이 강연과 강론을 합니다. 강연과 강론은 주로 오전에 하기 때문에 오후에는 이렇게 비어 있지요. 그런데 에페소스에는 어떻게 오셨습니까?"

"에게 해 연안 지역에 지점 설치 여부를 검토하기 위해 왔습니다."

"그동안 주로 알렉산더 상점과 거래를 하셨지요?"

"네, 맞습니다."

"데메트리오스는 에페소스에서 가장 큰 공방을 가지고 있습니다만 그 사람의 성품이 좀 과격하고, 욕심이 많은데다 유대인에게 적대적이지요. 아마 그래서 크라투스가 추천하지 않았을 겁니다."

마르코스가 잠시 생각을 해 보다가 물었다.

"아까 보니 대극장에 곡마단 공연이 없던데, 흥행이 잘 안되나요?"

"아닙니다. 마술사 하닷이 페르가몬으로 갔거든요."

"자주 그곳에 가는 모양이죠?"

"어느 곳에서든 하닷의 인기는 대단하거든요."

"그렇습니까?"

"에페소스 사람들 모두가 마술 공부에 빠졌을 정도니까요."

에페소스에 관한 여러 가지 이야기를 들려준 트로피모스가 마르코스를 바라보더니 화제를 바꾸었다.

"제가 마르코스님을 만나고 싶었던 것은"

"네, 말씀하세요."

"크라투스가 크리스티아누스가 되었다고 들었습니다. 곧 결혼할 율리아도 그렇구요. 도대체 그 가르침이 어떤 것이기에, 로마인이 유대인의 신을 믿게 되었는지 궁금해서 그 이야기를 좀 듣고 싶었지요."

"아, 그것은……"

"장사 일로 바쁘신 줄은 압니다만"

그는 마르코스에게 매달리다시피 간청을 했다.

"크라투스와는 어려서부터 단짝 친구였습니다. 결코 그런데 빠질 녀석이 아닌데 뭔가 중요한 것을 발견한 것 같거든요."

나사렛 예수가 잡히던 밤에도 도망쳤고, 페르게에서는 일 때문에 돌아섰으나 에패네토스의 간청은 뿌리칠 수가 없을 것 같았다. 이번에도 도망을 친다면 나사렛 예수가 그를 가만 두지 않을 것 같았다.

"좋습니다. 그렇다면 내일부터 이 강의실에서 제가 강의를 하지요."

"네. 매일 오후에는 강의실이 빈다지요?"

"그렇습니다."

결국 또 카타 마르콘을 교재로 써야 할 것 같았다.

"혼자 들으시든지, 들을 사람들을 더 데려오시든지 마음대로 하십시오."

트로피모스가 뛸 듯이 기뻐하며 말했다.

"이곳에 묵으시는 동안 저의 집에서 대표님을 모시겠습니다."

마르코스 요안네스

 에페소스에서 300스타디아를 북상하면 티베리우스 황제를 위해 신전을 세운 스무르나가 있고, 거기서 다시 400스타디아를 더 올라가면 페르가몬이 있었다. 에페소스에서부터 말을 타고 달리기 시작한 마르코스와 아리오크는 스무르나를 그냥 지나쳐서 페르가몬으로 들어섰다.
 "이게 뭐죠?"
 큰 길을 따라 아크로폴리스를 향해 들어가던 아리오크가 왼쪽으로 들어가는 길 입구에 새겨진 글씨를 가리켰다.
 "죽음은 들어오지 말 것."
 "치유의 가능성이 없는 병자는 들어오지 말라는 뜻이야."
 "여기가 병원인가요?"
 "의술의 신 아스클레피온이 병자를 치료한다는 신역이지. 헬라에서 초빙한 아스클레피온의 신관들이 병을 치료한다는 곳이야. 그런데, 치유의 가능성이 없는 병자는 들어오지 말라니 좀 웃기는 병원 아니야?"

경기장을 지나 광장과 상점가를 대충 둘러본 그들은 객관에 말을 묶어 놓고 아크로폴리스로 올라갔다. 디오니소스 신전 옆에는 경사각이 매우 큰 극장이 있었고, 저녁에 있을 공연을 선전하고 있었다.

"알렉산드리아에서 마술을 연마한 하닷 마구스."

아리오크가 그 선전문을 가리켰다.

"시몬의 제자라네요."

그의 말대로 하닷의 이름 아래에 시몬의 이름이 나와 있었다.

"시몬 상쿠스의 수제자"

마르코스가 빙그레 웃으며 아리오크에게 말했다.

"대리점 계약이 잘 되면 우리도 마술 구경이나 해볼까?"

"내가 찬조 출연을 해도 되는데."

아리오크도 다미스를 따라다니며 여러 가지 마술을 배웠던 것이다. 그들은 극장 앞을 지나쳐 제우스의 제단 왼쪽에 있는 아테나 신전으로 올라섰다. 거대한 아테나 신전 바로 뒤에 유명한 페르가몬 도서관이 있었다. 알렉산드리아 도서관보다 더 많은 20만 권의 책을 소장하고 있는 곳이었다.

"보레아스 소장님을 뵈러 왔습니다."

제본소를 찾아간 마르코스가 경비원에게 말했다.

"누구십니까?"

"이드란 상회의 대표, 마르코스 요안네스입니다."

연락을 받고 나온 보레아스 소장이 반색을 하며 그를 껴안았다. 그는 오래 전부터 이드란 상회에서 파피루스 종이를 공급받고 있었던 것이다. 제본 기술자들끼리는 서로 통하는 사이여서 보레아스 소장은 알렉산드리아의 우나비스 관장과 예루살렘의 세멜 서기관도 잘 알고 있었다.

"마르코스, 자네는 페르가몬의 수호신이야."

"아테나 여신이 노하겠군요."

"여신은 파피루스 종이를 안 주거든."

지난날 페르가몬 도서관을 시기한 알렉산드리아가 파피루스 종이의 수출을 중단했을 때, 페르가몬 제본소는 파피루스 대신 양의 가죽으로 양피지를 만들어 써야 했다. 그래서 양피지를 페르가메네라고 했던 것이다.

"이제 종이 걱정은 안하셔도 됩니다."

"자, 종이의 신께서 페르가몬에 오셨으니 이제 제본소를 시찰해야지?"

"시찰이 아니라, 견학입니다."

이미 부친을 해친 가위는 재단사의 가위가 아니라 마술사의 가위로 판명되었기 때문에 더 이상 제본소를 둘러볼 필요는 없었다. 그러나 보레아스 소장의 호의도 있고, 아리오크에게도 그것을 보여 줄 겸 소장의 안내에 따르기로 했다.

"실은, 이번에 소장님께 한 가지 청이 있어서 왔습니다."

"뭔데?"

"아시다시피 저희 이드란 상회는 파피루스 종이뿐만 아니라 곡물에서 귀금속까지 여러 품목을 취급하고 있습니다. 페르가몬에 지점이나 대리점을 하나 냈으면 하는데 좋은 사람을 추천해 주시면 고맙겠습니다."

"유대인이라야 되나?"

"아뇨, 아니면 더 좋습니다."
"음……"
제본소를 안내하면서 줄곧 그 일을 생각을 하고 있었는지, 견학이 다 끝났을 때 보레아스 소장이 말했다.
"실은 광장에서 장사를 하고 있는 내 조카가 하나 있는데."
"이름이 뭐죠?"
"셀리노스라고 하는데 상점 이름은 페트로스야."
듣고 있던 아리오크가 말했다.
"아까 상점가를 지날 때 그 이름을 얼핏 본 것 같아요."
마르코스가 보레아스에게 물었다.
"왜 페트로스죠?"
"조카의 모친이 유대인인데 21년 전에 예루살렘에 갔다가 게바라는 사람이 증거하는 말에 감동하여 세례를 받고 왔다더군. 게바는 헬라어로 페트로스지."
"그 모친도 여기 사십니까?"
"아니, 그들 부모는 콜로사이에 살고 있다네."
마르코스는 상점의 이름 페트로스가 우선 마음에 들었다. 그가 영적인 아버지로 삼은 페트로스와 헤어진 지도 벌써 여러 달이 되었던 것이다.
"감사합니다. 오늘 저녁은 제가 대접하겠습니다. 조카 되시는 분과 함께 식사를 하도록 약속을 잡아 주세요."
"그렇게 하겠네."

마르코스 요안네스

아크로폴리스의 아래쪽에 있는 디오니소스 신전과 위쪽에 있는 아테나 신전 사이에 조성된 페르가몬의 야외극장은 관객석의 급경사로 유명했다. 1만 명 정도가 들어갈 수 있는 객석이 아래쪽의 무대를 향해 쏠려 있어 관객에게 곧 굴러 떨어질 듯한 느낌을 줄 정도였다.

"이쪽의 극장들은 모두가 마술하기에 좋은 구조로군요."

객석에 앉은 아리오크가 말했다.

"왜?"

"관객이 해를 바라보며 앉아야 하니까요."

에게 해를 내다보는 소아시아의 서해안뿐만 아니라 페니키아와 카이사랴의 극장도 마찬가지였다. 객석이 모두 서쪽의 바다를 향해 있어서 아침 공연에는 해가 무대를 비추고 저녁 공연 때는 객석을 비추게 되어 있었다. 무대 마술은 정교한 장치와 거울, 광선 등에 의한 착시 현상을 이용하기 때문에 관객이 해를 향해 앉는 저녁 공연은 최적의 조건이었다.

"그래서 급경사를 이용한 마술도 나오는 거야."

하닷과 그의 여자 아르자를 욥바에서 처음 본 것이 11년 전이고, 세바스테에서 본 것은 7년 전이었다. 그동안 하닷의 마술은 꽤 발전했고, 아르자는 아직도 괜찮은 몸매를 유지하고 있었다.

"안 돼, 그러지 마!"

"으악!"

하닷이 상자 속에 들어간 아르자의 몸뚱이를 반으로 자르거나 칼로 그것을 마구 찌를 때마다 사람들은 비명을 질렀다. 새가 토끼로 바뀌고 그것이 다시 곰이 되어 나오거나, 사슬과 밧줄로 결박된 하닷이 상자나 물통 속에서 탈출에 성공하는 것을 보며 관객들은 감탄을 연발했다.

"그는 사람이 아니야."

"하닷은 신의 아들임에 틀림없어."

공연의 절정은 객석의 급경사를 이용한 마술이었다. 무대에서 사라진 하닷이 독수리처럼 공중에서 나타나 무대에 내려앉던 것이다.

"도르래 장치에요."

아리오크는 손가락으로 객석 뒤 출입구 쪽에 있는 높은 탑과 무대 뒤의 기둥을 번갈아 가리켜서 연결하는 시늉을 했다. 허리에 도르래 장치를 한 마술사가 그 노끈을 타고 날아내렸다는 뜻이었다.

"날아내릴 때 속도를 조절하는 것이 중요해요."

노끈을 접어서 물린 두 개의 도르래는 마술사가 속도의 완급을 조절할 수 있게 되어 있었다. 경사가 급한 객석에서 무대에

집중하느라고 앞으로 고꾸라질 듯 앉아 있던 관객들은 누에실로 가늘게 꼬아 만든 노끈이 햇살 속에 숨겨져 있는 것을 볼 수 없었다. 마르코스가 아리오크에 귀에 대고 말했다.

"이제 우리도 시작할 때가 되었어."

마르코스가 객석에서 사라진지 얼마 안 되어 관객들은 또 하나의 독수리가 공중에서 날아내리는 것을 보게 되었다. 공중에서 내려온 두 번째 독수리는 무대 위의 하닷을 낚아채듯 껴안고 연기처럼 사라져버렸다.

"우와……"

그것도 공연의 일부라고 생각한 관객들이 갈채를 보내고 있었다. 갑자기 일어난 일에 당황하고 있던 하닷의 조수들이 정신을 차리고 무대 뒤로 달려나갔으나 아무도 보이지 않았다. 분장실 밖에는 사제복 차림에 가면을 쓴 남자 다섯 명이 출구를 지키고 있었다. 아테나 신전의 사제들이었다.

"하닷 마구스는 어디로 간 거야?"

무대 뒤에서 소동이 벌어지는 동안 무대에서는 음악이 시작되고, 아르자가 공백을 메우기 위해 음란한 춤을 추기 시작했다. 그녀가 아무리 춤을 추어도 하닷은 나타나지 않았다. 하닷의 조수들이 어설픈 마술 몇 가지를 더 보여 주다가 공연은 막을 내렸다. 관객들이 의아해하며 극장을 나설 때, 하닷은 눈이 가려진 채 아테나 신전의 지하실 바닥에 뒹굴고 있었다.

"하닷, 이제부터 묻는 말에 거짓 없이 답하라."

눈가리개가 벗겨졌다. 그가 일어나 앉으며 사방을 두리번거렸다, 그를 둘러싼 사람들이 희미한 불빛 속에서 흔들거렸다. 가면을 쓴 아테나 신전의 사제들이 번쩍거리는 칼을 들고 둘러서 있었다.

"정직하게 답하면 목숨을 붙여 주겠으나 거짓을 말하면 너의 고기를 태워 제물로 바칠 것이다."

하닷이 떨면서 물었다.

"무엇을 대답하라는 것입니까?"

"너는 24년 전에 알렉산드리아에서 상인 이드란을 살해했느냐?"

자신이 지금 어떤 상황에 처해 있는지 깨달은 그가 황급히 고개를 저었다.

"나는, 나는……"

사제의 칼끝이 하닷의 목에 닿았다.

"거짓을 말하면 칼끝이 네 목으로 들어간다."

이윽고 하닷은 모든 것을 체념한 듯 힘없이 말했다.

"나는 그저 시키는 대로 했을 뿐입니다."

"누가 시켰느냐?"

그 질문에는 하닷이 한참 동안 망설였다. 잠시 후 칼끝이 목살을 파고들어 피가 흘러내리기 시작하자 하닷은 다급하게 외쳤다.

"시몬, 시몬 마구스요."

"누가 칼로 찌르고, 누가 심장 혈관을 절단했느냐?"

"내가 뒤에서 칼로 찔렀고, 시몬 마구스가 람다형 가위를 그의 가슴에 넣어 심장 혈관을 잘랐습니다."

"이드란의 수레에서 무엇을 가져갔느냐?"

"마술 비전, 피타고라스의 마술 비전입니다."

"그것은 지금 어디 있느냐?"

"시몬 마구스가 가져갔기 때문에 나는 모릅니다."

하닷이 얼른 무릎을 꿇고 애걸했다.

"살려 주십시오."

"아테나 여신의 사제는 약속을 지킨다. 네 목숨을 보전하려면 오늘 있었던 일에 대해서 입을 다물고 발설하지 말아라."

"네, 그렇게 하겠습니다."

"어느 손으로 이드란을 찔렀느냐?"

"이 손입니다."

하닷이 오른손을 내밀자 사제 중 하나가 그의 오른손 검지를 순식간에 칼로 잘랐다. 그리고 잘린 자리를 싸매 주며 엄하게 말했다.

"네 손가락을 볼 때마다 죄를 뉘우치고 정직하게 살아라."

마르코스 요안네스

　트로아스를 향해 말을 몰아 달리던 마르코스가 속도를 늦추자 아리오크도 달리던 말의 고삐를 당기면서 말했다.
　"페르가몬에서는 참 대단한 작전을 했어요."
　"계획은 사람이 하지만 이루시는 분은 하나님이시지."
　"솔로몬의 잠언이로군요."
　아테나 신전의 사제장은 매우 학구적이어서 오래 전부터 도서관에 늘 드나들며 보레아스 소장과 친분을 쌓은 사람이었다. 그가 범죄자 잡는 일에 사제들을 동원했던 것이다. 보레아스의 조카 셀리노스는 페르가몬의 공방을 다 뒤져 하닷의 것과 똑같은 도르래를 찾아냈고, 아리오크는 연락책을 맡았다. 공중에서 날아내린 두 번째의 독수리는 물론 마르코스였다.
　"아빠의 사제 연기도 훌륭했어요."
　하닷을 심문할 때 마르코스도 가면을 쓰고 사제들 속에 있었던 것이다.
　"사건의 진상을 밝혀냈고, 대리점 계약도 잘 되었어."

"셀리노스 상점은 역할을 잘 할 것 같아요."

"자, 이젠 트로아스다."

"역사적인 곳으로 가는군요."

루디아인 중심의 소아시아 세력과 이오니아 사람들의 헬라 연합군이 트로이에서 맞붙어 싸운 전쟁은 1천 3백 년 전에 일어났다. 헬라 연합군의 승리로 끝난 이 전쟁은 헬라의 이오니아 개척을 상징적으로 보여 준 전쟁이었다. 헬라인들은 이 전쟁을 자기네 식의 신화로 만들었다.

"왜 파리스의 이야기를 크레타 섬과 연결시켰을까요?"

트로이 전쟁의 원인을 만든 파리스의 이야기는 제우스 신화와 많이 비슷했다. 크로노스는 아들 제우스가 태어나자 그를 죽이려 했다. 그가 아버지를 해치리라는 신탁 때문이었다. 어머니 레아는 그를 크레타 섬의 이데 산으로 보내 거기서 자라게 했다. 트로이 왕 프리아모스도 아들이 나라를 파멸시키리라는 신탁 때문에 파리스를 크레타 섬의 이데 산에 버렸다.

"헬라 문화의 근본이 거기서 나왔으니까."

"크레타 섬은 페니키아 사람들의 본거지였다면서요?"

"그들의 가장 큰 장사는 전쟁이었어."

"네?"

"큰 전쟁의 배후에는 꼭 장사꾼들이 있게 마련이거든. 트로이 전쟁 역시 페니키아 상인들이 장사할 목적으로 부추겼을 수도 있어."

헬라 신화에서는 헤라, 아테나, 아프로디테 세 여신이 이데 산에서 양을 치는 파리스에게로 찾아온다. 가장 아름다운 여성에게 준다는 황금 사과를 놓고 다투다가 미남 청년 파리스의 판결을 받기로 한 것이었다. 헤라는 권력으로, 아테나는 전쟁의 승리로, 아프로디테는 미인으로 보상을 제의했다. 파리스는 아프로디테의 손을 들어 주었고, 미인을 차지하게 되었다.

"헬레네 이야기가 사실 있었던 것일까요?"

파리스 왕자는 스파르타 왕 메넬라오스의 아내 헬레네를 유혹하여 트로이로 데려갔다. 메넬라오스의 형인 미케네 왕 아가멤논은 헬라 연합군을 결성하여 트로이를 공격했다. 10년에 걸친 전쟁 끝에 트로이는 멸망했다.

"헬라 세력의 트로이 정복을 정당화하기 위해 만들어낸 신화겠지."

"그런데"

언덕 위에 있는 트로이 유적을 보며 아리오크가 물었다.

"왜 트로이가 육지 안에 있죠?"

신화에 나오는 트로이는 바닷가의 언덕 위에 있었던 것이다.

"흘러내린 토사가 당시의 바다를 메운 거야."

그 후 아테네인들은 트로이의 폐허에 성을 재건하고 그들의 신전이 있던 곳에 제우스와 아테나 신전을 세웠다. 그러나 언덕 위의 트로이는 아테나의 승리를 상징하는 유적이 되었을 뿐, 실제의 번영은 새로운 해안에 생긴 트로아스로 옮겨졌다. 트로아스는 에게 해와 마르마라 해를 연결하는 관문이고, 소아시아에서 마케도니아로 건너가는 길목이 된 것이었다.

"파울루스님이 여기서 배를 탔다지요?"

"그래, 여기서 네아폴리스로 건너가셨다고 하더구나."

트로아스에 도착한 그들은 먼저 부두로 나갔다. 율리아와 거래하던 상점이 부두에 있다고 했던 것이다.

"율리아님이 말했던 상점 이름이 뭐지요?"

"에패네토스."

"그 상점이 저기 있네요."

상점으로 들어가자 여점원이 나오며 상냥하게 웃었다.

"어서 오세요."

"에패네토스님을 만나 뵈러 왔습니다만."

"지금 안 계신데, 누구시죠?"

"안티오키아에서 온 마르코스라고 합니다."

점원이 이미 그의 이름을 알고 있었는지 고개를 숙여 보였다.

"지금 네아폴리스에서 손님이 오신다고 해서 잠깐 부두에 나가셨거든요."

"귀한 손님이 오는 모양이죠?"

"아테네에 갔을 때 만난 분이래요. 아폴로스님이라고."

"아폴로스?"

그 이름 때문에 귀가 번쩍 띄었다. 아폴로스라는 이름 역시 흔한 것이었으나 아테네에서 만났다니 친구 아폴로스일 수도 있었던 것이다. 마르코스는 상점을 한번 둘러본 후에 아리오크에게 물었다.

"부두에 한번 나가볼까?"

"그래요, 아빠."

밀레토스의 카우노스가 말했던 대로 트로아스 항은 많은 배들이 몰려들어 몹시 붐비고 있었다. 접안 시설이 부족해 바다에 떠 있는 채로 자리가 나기를 기다리기는 배들이 더 많았고, 급한 승객들은 소형선에 옮겨 태워서 부두까지 실어 나르기도 했다.
"아폴로스."
방금 들어온 소형선에서 내리는 승객들을 살펴보다가 마르코스가 입 속으로 부르짖었다. 좀 나이가 들어보이기는 해도 9년 전에 욥바 항에서 작별하고 떠난 아폴로스가 틀림없었다. 그가 반가워서 다가가려는데 누군가 달려가서 그를 맞는 사람이 있었다. 아폴로스보다 좀 젊어 보이는 사내였다.
"어서 오세요, 형님."
그 사내는 아폴로스를 형님이라고 불렀다.
"잘 있었어?"
그들의 인사가 끝나기를 기다려 마르코스가 앞으로 나섰다.
"어서 오게, 친구."
"아니?"
아폴로스가 놀라며 마르코스를 끌어안았다. 9년만의 해후였다.
"어떻게 된 거야?"
"친구가 온다길래 마중을 나왔지."
아폴로스가 그의 곁에 있는 아리오크를 보더니 마르코스에게 물었다.
"이 아이는 누구야?"
"내 아들이라네."
아리오크가 그에게 머리를 숙여 인사를 했다.
"뭐라고?"
그는 재빨리 머릿속으로 계산을 하는 모양이었다. 14살 쯤 되어보이는 그 아이가 마르코스의 아들이라면 24살 때 낳은 것이고, 그것은 그가 아직 알렉산드리아에서 공부하고 있을 때였다. 마르코스가 웃으며 해명을 해 주었다.

"내가 양자로 삼은 녀석이야."

그제서야 아폴로스도 함께 웃으며 말했다.

"이 사람아, 어서 장가들 생각이나 해야지, 양자는 무슨?"

"그러는 너는 장가를 들었어?"

"나도 아직 못 들었네만 할 수는 있어."

그는 생각났다는 듯 마중 나왔던 사내를 소개했다.

"이 사람은 에패네토스. 아테네의 공방에 기술을 배우러 왔다가 나와 만나게 되었지. 그 공방이 아카데미아 맞은편에 있었거든. 에패네토스, 이쪽은 알렉산드리아에 가서 함께 공부한 내 친구 마르코스."

그러자 마르코스와 에패네토스가 동시에 손을 내밀어 잡았다.

"그럼 당신이?"

"바로 선생님이 이드란 상회의?"

어떻게 된 것이냐고 묻는 아폴로스에게 마르코스가 대답을 했다.

"트로아스에 지점을 개설하려고 왔는데, 안티오키아 지점장인 율리아가 에패네토스라는 사람을 소개했거든."

"율리아 아가씨와 너는 꽤 오래 엮여 있군."

"아가씨라는 호칭이 달라져야 할 것 같네. 곧 결혼을 하니까."

"누구하고?"

"그녀와 함께 다니던 크라투스 필롤로구스."

아폴로스가 고개를 갸웃거렸다.
"난 그 여자가 너와 결혼을 할 줄로 알았는데 또 놓친 게로군."
그러자 아리오크가 얼른 끼어들었다.
"아빠도 임자가 생겼거든요."
"뭐라구?"
아폴로스가 마르코스를 바라보자 그가 웃으며 대답했다.
"알려고 하지 말게, 비밀이야."
그들 사이에 이야기가 끝없이 이어질 것 같자 에패네토스가 말했다.
"이러실 게 아니라 우선 제 상점으로 들어가시죠."
에패네토스의 상점 쪽으로 걸어가면서도 마르코스는 이야기를 계속했다.
"자네 부친이 지금 엄청난 일을 하고 계시는 건 알고 있어?"
"베네토 항구 건설?"
"알고 있군."
"내가 거기서 오는 길이야."
"뭐라구?"
"자넨 내 아버지를 거기 보내 놓고 7년 동안 한 번도 안 갔었다며?"
"갈 틈이 없었지."
아폴로스가 정색을 하며 말했다.
"이번에 아주 거기까지 가 보고 돌아가게. 내 아버지에게 그렇게 큰일을 시켜 놓고, 진행 상황만 보고만 받고 있다니, 그러면 안 되지."

"아버지는 안녕하시던가?"

그의 부친 요아스와 마르코스의 부친 이드란의 나이가 같았고, 아폴로스와 마르코스도 같은 해에 태어났으므로 요아스의 나이는 벌써 66살이 되어 있었다.

"가서 직접 확인하라구."

"워낙 먼 곳이라, 한 번 가려면 큰마음을 먹어야 해."

"멀긴 뭐가 멀어. 네아폴리스에서 로마까지 에그나티아 대로가 뚫려 있어서 말을 타고 달리면 그냥 한달음이야. 나도 갈 때는 배를 타고 아드리아 해로 들어갔지만 올 때는 그 도로를 타고 네아폴리스까지 달려왔거든."

마르코스도 배를 타고 아드리아 해로 들어갈 생각만 했지, 에그나티아 대로는 미처 생각하지를 못했던 것이다.

"알았어, 이번 나선 김에 아주 베네토까지 갈게."

거기까지 말하고 나서야 아폴로스는 에패네토스의 어깨에 손을 얹었다.

"처제는 잘 있나?"

"그럼요, 벌써 저기 나와 기다리고 있네요."

마르코스가 보니 앞서 만났던 점원 아가씨가 상점 앞에 나와 있었다. 에패네도스가 큰 소리로 말했다.

"멜리나, 인사드려. 아폴로스 형님이야."

인사드리라는 것으로 보아 아폴로스와 그녀는 초면인 모양인데 그들 사이에 처제 이야기가 오가는 것으로 보아 심상치 않은 사연이 있는 것 같았다. 아리오크가 마르코스를 바라보며 한 눈을 찡긋하고 있었다.

133

마르코스 요안네스

 저녁을 먹는 동안 마르코스는 파포스에서 게메로스를 만난 것과, 그의 스승 엘루마가 파울루스의 강론을 방해하다가 소경이 된 것도 말해 주었다. 또 바벨론에서 티아나의 아폴로니오스와 페트로스가 맞붙었던 이야기도 들려주었다. 아폴로스도 고개를 끄덕이며 말했다.
 "경박한 생활이 계속되는 한 마술의 권력은 점점 커지겠지."
 "크리스티아누스가 그것을 바꿔 놓아야 하는데."
 "다윗의 물매돌이 될 수 있다면."
 "앞으로는 마술사 시몬이 그들 조직의 수괴가 될 거야."
 "알렉산드리아에 있던 그 시몬?"
 마르코스는 마술사 시몬이 펠릭스 총독의 신임을 얻어 로마의 실세인 팔라스에게 접근을 시도하고 있다는 것도 알려 주었다.
 "그는 자신이 실패한 예수 대신에 온 메시야라고 주장하고 있어."
 "더 문제는 그에게 속는 사람들이지."

저녁을 먹고 난 후 에패네토스는 트로아스 외곽에 있는 한 작은 집으로 그들을 안내했다. 안팎이 모두 깨끗하여 새로 지은 집 같고, 가구나 주방 설비까지 다 갖추어져 있었는데 사람이 보이지 않았다.

"여긴 누구네 집인가?"

아폴로스가 묻자 에패네토스가 대답했다.

"형님 집입니다."

"뭐라구?"

함께 따라온 멜리나가 자기 집처럼 주방에 들어가더니 차를 내왔다.

"형님, 부담 갖지 마세요. 혼자 사시는 게 안쓰러워 제가 형님 집을 하나 마련했거든요. 아카데미아 생활은 이제 접으신 걸로 아는데, 그냥 여기 계시면서 책도 읽고 글도 쓰고 하세요."

"자네, 정말……"

아폴로스가 그의 처제 멜리나를 흘깃 보더니 얼굴이 붉어졌다. 마르코스와 아리오크가 서로 바라보며 참고 있던 웃음을 터뜨리자 멜리나는 주방으로 들어갔고 아폴로스는 딴 소리를 했다.

"마르코스, 의사 루카스를 만난 적 있어?"

"아, 안티오키아에 왔을 때 만났지."

"건너오게 전에 필립포이에 들렀는데, 루카스가 지금 그곳에 있어."

"그렇다고 들었어. 파울루스 선생님과 전도 여행을 함께 떠났는데 필립포이에 혼자 남아 있다고 하더군. 아, 그 파울루스라는 분이 바로 크리스티아누스가 되었다는 율법학자 사울 그분이 야."

"알고 있어, 아테네에서 보았거든."

"아테네에서? 그럼 아레오스 파고스의 청문회에도 갔었어?"

"거기 가서 파울루스 선생님의 역사적인 강론을 들을 수 있었지."

"아테네의 학자들 앞에서 뭐라고 변론을 했는지 궁금해. 그러나 다른 도시에서처럼 큰 반향은 없었다며?"

"아테네의 학자들이 그리 가볍게 흥분하는 사람들은 아니거든."

"어떤 강론을 했는데?"

"그건 나중에 현지에 가서 듣는 게 나을 거야. 아레오스 파고스에서 그분의 강론을 듣고 예수를 믿게 된 사람이 세 명 있으니까."

"그게 누구야?"

"한 사람은 아레오스 파고스 공회의 심문관 디오누시오스, 또 한 사람은 아프로디테 신전의 사제장이었던 다마리스라는 여자야."

"그렇다면 정말 대단한 성과 아닌가?"

"물론이지."

"그리고 또 한 사람은 누구야?"

"아폴로스, 바로 나야."

"뭐라구?"

그는 아테네로 가기 전에 베다니의 집회에 여러 번 참석하여 많은 기적이 일어나는 것을 직접 목격했고, 룻다에서 페트로스가 중풍병으로 누워 있던 애네아스를 일으키는 것도 보았고, 욥바에서는 죽은 다비다가 살아나는 현장에도 있었다. 혼란스러워하는 그를 마르코스가 어부와 학자는 다르다고 격려해서 보냈던 것이다. 그런 그가 예수를 믿게 되었다고 했다.

"그래서, 파울루스 선생님과 이야기도 해 보았어?"

"그럴 수가 없었어. 내가 아버지를 만나기 위해 베네토로 출발하는 날이었거든. 그 날 오후에 나는 피레우스 항에서 아드리아 해로 가는 배를 탔지."

"그럼 베네토에서 상당히 오래 있었구나."

"몇 달 있었어."

"아버지와 11년 만에 만나 회포를 다 풀었겠군."

"그보다는 거기 와 있던 사람들과 나사렛 예수에 관한 이야기를 나누느라고 그렇게 오랜 시간을 보냈던 거야. 덕분에 내 아버지도 예수를 믿고 열렬한 크리스티아누스가 되었지만."

"네가 아버지를 믿게 했어?"

"그렇다니까."

요아스는 카이사랴에서 마르코스의 계획을 들을 때부터 이미 복음에 대한 이해를 하고 있었으나 아직 크리스티아누스를 자처할 정도는 아니었던 것이다.

"그럼 세례는 누구에게서 받고?"

"주님의 아우 요셉."

요셉은 이미 베다니에 있을 때부터 사도들과 같은 반열에서 일하고 있었다.

"그럼 라벤나 군단의 병사들도 요셉의 세례를 받았겠군."

그가 보고받은 바에 의하면 라벤나 군단의 많은 병사들이 코넬리우스 장군의 전도로 복음을 받아 크리스티아누스가 되었다고 했다.

"물론이지."

아폴로스는 다시 공사 이야기로 돌아갔다.

"베네토 공사의 중요한 문제는"

아폴로스는 그 공사를 주도한 마르코스가 들으라는 듯 말했다.

"은밀하게 추진하고 있는 큰 사업이기 때문에 그 일에 참여하고 있는 모든 사람들이 같은 믿음을 가지고 있어야 한다는 거야."

베네토에 가 있는 사람들이라면 아포로스의 부친 요아스와 그의 조수들 그리고 현지에서 고용한 인부들이 있고, 나사렛 사람들과 그들의 촌장이었던 요나단 그리고 예수의 아우 요셉이 있었다.

"나사렛 사람들은 한동안 베다니에서 함께 생활을 했어."

"그보다 중요한 것은 학문적 논리야."

"논리라고?"

마르코스도 밀레토스에서 탈레스의 논리의 필요성을 생각했었다.

"물론 전도를 위해서는 체험에 대한 증언도 필요하고, 귀신을 내쫓고 병을 치유하는 기적도 필요하지만, 나사렛 예수 그분이 하나님의 말씀이고 진리라면 진리가 논리를 무시할 수는 없는 거야."

"어떤 논리를 말인가?"

"적어도 하나님은 누구이고 천사는 무엇이며 죄란 무엇이고 예수는 누구인지, 율법서의 제사와 예수의 대속은 어떤 관계가 있는지, 선지자들이 말한 구원과 예수의 고난은 어떤 관계가 있는지 사람들이 궁금해하는 것을 논리적으로 분명하게 일러 줄 필요가 있는 거야."

"그래, 나도 그런 생각을 했었어."

"증언과 치유와 기적으로 일으킨 바람은 당장 큰 성과가 있을지 모르나, 세월이 흐르면 잊혀지게 되어 있어. 그 때는 무엇으로 복음을 전할 거야? 필립포이에서 의사 루카스와도 그런 이야기를 했지만, 도대체 나사렛 예수의 행적과 말씀을 정리해 놓은 기록이 하나도 없다니 이게 말이 되냐고?"

"아폴로스, 그래서 말인데."

마르코스는 품 안에서 카타 마르콘의 사본 하나를 꺼냈다.

"이게 뭐지?"

"내가 바벨론에 갔을 때 페트로스님을 설득해서 그의 기억 속에 남아 있는 예수의 행적과 말씀을 받아 적었어."

"뭐라고?"

아폴로스는 그 책을 빼앗듯이 받아서 들춰보기 시작했다.

"마르코스, 너 장사만 하는 줄 알았더니 대단한 일을 하고 있었구나."

"그러나, 아직 문제가 있어."

"뭐지?"

"페트로스님은 고지식한 분이어서 자기가 직접 보고 들은 것 외에는 불러 주려고 하지 않았어. 그리고 사도들 간에는 요한 사도와 관계된 어떤 사연이 있는 모양이어서 요한 그분이 직접 기록해 보충해야 하는 부분도 있어."

"그래도 어쨌든 너는 큰일을 한 거야."

"또 한 가지 문제는,"

"뭐지?"

"네 말대로 진리에 대한 논리적 증거가 약한 점이야. 시간이 흐름에 따라 말씀의 변질이 발생할 수도 있거든. 마술사 시몬 같은 자들의 속임수에 넘어가지 않으려면 예수를 직접 만나고 성령을 체험한 분들의 믿음을 기록으로 남겨서 다음 세대 사람들이 신앙의 기준으로 삼을 수 있어야 해."

"물론이지."

"안티오키아에서 일어난 할례 논쟁이 예루살렘 회의에서 마무리되자 파울루스님은 갈라티아 성도들에게 보내는 편지를 기록해 돌려서 교회의 입장을 정리했지. 그리고 페트로스님도 각 지역에 편지를 보냈는데 그건 내가 대필했어."

"그래서?"

"전도하는 현장에서 가장 많이 박해를 가해오는 세력이 바로 유대인들이야. 만일 네가 히브리인들을 위해 유대 경전과 나사렛 예수의 관계를 논리적으로 정리해서 기록해 놓으면 그들을 설득하는 데 유리할 거야."

아폴로스가 고개를 끄덕였다.

"히브리인뿐 아니라 이방인들에게도 유익이 되겠지."

그는 마르코스가 보여 준 카타 마르콘을 손에서 놓지 않으며 말했다.
"이것이 사본이라면 내게 한 권을 줄 수 있겠나?"
"물론이지."

132

마르코스 요안네스

트로아스가 소아시아와 마케도니아를 연결하는 길목인데다가 북해 교역의 거점으로는 놓칠 수 없는 관문이어서 마르코스는 트로아스에 지점을 설치하기로 결정했다. 에패네토스가 아직 젊어도 지역 정황에 밝고 민첩해서 지점장 역할을 맡겨도 잘 해낼 것 같았다. 그가 이드란 상회와 각 지점, 대리점의 현황을 설명하고, 지점의 업무를 익히는 데 한 달이 걸렸다.

"잘 부탁합니다."

트로아스를 떠나면서 마르코스는 그를 격려했다.

"열심히 하겠습니다."

"파울루스님의 전도 경로에 빠져 있는 곳이 소아시아의 서해안입니다. 반드시 이곳으로 다시 올 테이니 그 때 세례를 받으세요."

"알겠습니다."

마르코스는 다시 아폴로스와도 인사를 나누었다.

"필립포이에서 의사 루카스를 만난 다음 곧장 베네토로 갈 거야."

"암, 그래야지."

"네게서 좋은 글이 나오기를 기대할게."

"제목부터 이미 정해 놓았지."

"어떻게?"

"프로스 에브라이우스."

히브리인들에게 보내는 편지라는 뜻이었다. 유대인들에게라 하지 않고 히브리인들에게라고 한 것은 유대인뿐만 아니라 아브라함의 믿음대로 사는 모든 나그네들에게 보낸다는 뜻이 강하게 포함되어 있었다.

"마음에 드는군."

그들과 작별하고 트로아스 항을 떠난 마르코스와 아리오크는 지난 해 파울로스가 실라와 티모데오스와 루카스를 데리고 건너갔을 항로를 그대로 뒤따랐다. 사모드라케 섬에서 정박한 배가 이튿날 네아폴리스에 도착했다.

"파울루스의 심경도 이랬을까?"

그날의 파울루스처럼 마르코스도 역시 마케도니아 땅을 처음 밟았다. 네아폴리스에서 점심을 먹고 그는 곧 마방에 가서 말 두 필을 샀다. 말을 몰아 로마까지 뻗어 있다는 에그나티아 대로에 들어서자 아리오크가 물었다.

"곧장 베네토로 가는 건가요?"

"일단 필립포이에 들렀다가 베네토로 간다."

"알았어요."

말의 배를 차면서 그들은 서로 경쟁하듯이 말을 달렸다. 로마는 지난날 마케도니아 왕 필립포스 2세가 건설한 두 성 필립포이와 데살로니케를 정복한 후 그들 도시를 거쳐 로마까지 이어지는 에그나티아 대로를 건설했던 것이다. 말의 발굽이 포장된 도로 위에서 경쾌한 소리를 내고 있었다. 비탈길에서 속도를 줄인 그들이 언덕을 넘어서자 필립포이가 보였다.

"알렉산더가 대단한 영웅이기는 하지만"

마르코스가 독백처럼 중얼거렸다.

"그의 부친 필립포스 2세가 기반을 만들어 놓았던 거야."

북방의 몇 토후국을 관장하는 나라에 불과했던 마케도니아를 헬라스 동맹의 맹주국으로 만들어 놓은 것이 필립포스 2세였다. 그가 건설한 필립포이와 데살로니케는 마케도니아가 동방으로 진출하는 교두보가 되었던 것이다.

"이드란 상회도 그렇고."

마르코스 역시 부친 이드란이 다져 놓은 터 위에 집을 짓고 있었다.

"그렇다면 내 집은 어디 있는 거야?"

레갑의 마을 나사렛에서 자라난 예수는 자신의 집을 짓지 않고 하나님의 집을 지었다. 필립포스 2세가 알렉산더에게 물려준 집은 지금 로마의 수중에 있었다. 마케도니아를 정복한 로마가 그 퇴역 군인들을 필립포이에 이주시켰던 것이다. 그러나 크리스티아누스들은 그 필립포이가 알렉산더의 집도 로마의 집도 아닌 하나님의 집이 되리라는 소망을 갖고 있었다.

"필립포이도 대단하네요."

아리오크가 성 안으로 들어서며 말했다.

"사람들이 작은 로마라고들 하지."

필립포이의 광장은 에그나티아 대로의 남쪽에 자리잡고 있었다. 철학자들의 토론장과 체육관 거리를 지나 그들은 상점가로 들어섰다. 그리고 아폴로스가 가르쳐 준 피륙 상점을 찾았다. 이번에도 아리오크가 먼저 찾았다.

"저기 있네요."

아리오크가 붉은 색 옷감들이 많이 쌓여 있는 상점을 가리켰다. 크레타의 뿔고둥에서 추출한 염료로 물들인 페니키아의 붉은 옷감이 아니라, 꼭두서니 뿌리에서 나온 붉은 염료를 사용해 염색한 두아티라의 비단이었다.

"혹시 여기 루디아라는 분이 계십니까?"

파울루스가 필립포이에 와서 처음 전도한 여자가 옷감 장사를 하는 루디아라고 아폴로스가 일러 주었던 것이다.

"제가 루디아인데요."

눈이 큰 여자가 환한 웃음으로 손님을 맞으며 말했다. 웃는 얼굴만 보아도 장사에 솜씨가 있어보였다.

"제대로 찾아왔군요. 저는 이드란 상회의 마르코스입니다."

그러자 루디아가 큰 눈을 더 크게 떴다.

"그렇다면, 예루살렘 그 다락방의?"

그 다락방은 필립포이에서도 유명한 모양이었다.

"그렇습니다."

"어머나, 어떻게 이런 일이."

그녀가 서둘러 차를 내오려 하자, 마르코스가 만류했.

"실은 의사 루카스님을 만나야 하는데 어디로 가면 될까요?"

"절 따라 오시면 만날 수 있어요."

루디아는 상점을 점원에게 맡겨 놓고 앞장을 섰다. 크리스티아누스의 집회 장소로 쓰인다는 그녀의 집으로 가는 것 같았다.

"상점을 혼자 운영하십니까?"

"남편이 하던 장사를 물려받아 하고 있는 거예요."

그 말은 남편이 이미 작고했다는 뜻이었다.

"자매님은 두아티라 출신인가요?"

"맞았어요. 그래서 두아티라의 옷감을 팔고 있지요."

"혹시, 예루살렘에서 나오는 옷감도 취급해볼 생각은 없습니까?"

두아티라에서 나오는 비단이 워낙 유명해서 그냥 건성으로 해본 말이었으나 루디아의 반응은 의외로 적극적이었다.

"꼭 해보고 싶어요."

"왜요?"

"주님께서 일하시던 곳에 한번 가보고 싶었는데, 거기서 나오는 제품을 취급할 수 있다면 저로서는 큰 영광이죠. 제가 알기로 이드란 상회의 교역 품목은 옷감뿐 아니라, 수공예품과 금속 제품 등 여러 가지가 있다더군요."

역시 그녀는 장사에 꽤 수완이 있어보였다. 사람을 상대로 하는 일에 가장 필요한 것이 적극적인 성품이었던 것이다.

"실은 이드란 상회도 필립포이에 대리점이 필요하거든요."

"어머나, 주님께서 대표님을 보내 주셨나 봐요."

"저도 그렇게 생각되네요."

주택가를 빠져나온 그녀는 다시 한 번 방향을 바꿨다.

"이 쪽이에요."

비교적 한적한 변두리에 자리 잡은 그녀의 집은 꽤 넓은 편이었다. 집 안으로 들어선 마르코스는 매우 낯익은 분위기와 만났다. 베다니에 있는 라사로의 집이 그러했고, 안티오키아의 페트로스도 그랬던 것처럼 루디아의 집 마당에서도 많은 병자들이 의사 루카스의 진료를 받고 있었던 것이다.

"주님의 모습을 닮아 가시네요."

귀에 익은 목소리를 듣고 루카스가 고개를 돌리더니 놀라며 일어섰다.

"마르코스님이 여길 어떻게?"

그가 안티오키아를 떠난 후 벌써 한 해가 넘었던 것이다. 루카스가 그와 아리오크를 데리고 안채로 들어가자, 루디아는 주방에 들어가 음료를 준비했다.

"파울루스 선생님의 건강은 괜찮습니까?"

"늘 약한 것을 자랑하시는 분이니까요. 마케도니아를 떠나실 때 제가 모시고 가려 했는데, 필립포이 교회를 맡을 사람이 루카스밖에 없다고 하셔서서."

"그쪽에서도 고생이 많으시겠지요?"

"어둠 속에 빛이 들어가면 아픔이 있게 마련이지요. 다행히 최근에 유니우스 갈리오가 아카야 총독으로 부임해서 형편이 좀 나아질 것 같지만."

유니우스 갈리오는 스토이코스 학파의 철학자인 루키우스 세네카의 아우였다. 필립포스 2세가 아들 알렉산더의 교육을 철학자 아리스토텔레스에게 맡겼듯이, 아그리피나 황후는 세네카를 자기 아들 네로의 교사로 삼았다.

"왜요?"

"그들 형제가 제 외가 쪽으로 친척이 되거든요. 갈리오 총독에게 제가 먼저 연락을 해 놓았지요. 로마 시민권을 가진 파울루스란 분이 코린도스에 가서 좋은 일을 하고 계신데 잘 보살펴 달라구요."

아카야 총독의 소재지가 코린도스였던 것이다.

"꽤 도움이 되겠네요."

루디아가 들어와 포도즙 잔을 내려놓고 나가자, 마르코스가 그것을 한 모금 마시고나서 루카스를 바라보았다.

"선생님이 안티오키아를 떠난 후 저는 판매망 확장 문제로 바벨론에 갔다가 거기서 페트로스님을 만나 한동안 함께 있었습니다."

"아, 그랬었군요."

"실은 그 때, 제가 루카스님과 나누었던 이야기를 실천에 옮겼지요."

루카스가 깜짝 놀라며 포도즙 잔을 놓았다.

"그럼, 예수님의 기록을?"

마르코스가 고개를 끄덕였다.

"그렇습니다."

그는 품 속에서 카타 마르콘의 사본을 내놓았다.

"페트로스님이 불러 주신 것을 제가 받아 적었을 뿐인데, 그 분이 제목을 카타 마르콘이라고 붙여 주셨습니다."

"마르코스님, 대단한 일을 하셨군요."

"그러나 아직 이것이 완전하지는 않습니다."

마르코스는 마태오스와 요한에게 설명했던 것과 같이, 사도 요한과 관련된 사건들과 예수의 탄생, 성장에 관한 것 등이 기록에 누락되어 있음을 말해 주었다.

"이 책의 사본을 베다니에 있는 마태오스와 로도스 섬에 계신 요한, 두 분 사도께 전해 드렸습니다."

"마태오스란 분은……?"

"아, 레위 사도가 이름을 그렇게 바꾸었습니다."

"우리가 처음 만났을 때에도 말씀드렸지만 제가 안티오키아로 가기 전에 로도스 섬에 들러 마리아님과 요한 사도를 뵌 적이 있습니다."

"그러셨지요. 그런데 루카스님."

"네?"

"제가 보기에 주님을 따라다니며 모든 일을 직접 겪고, 말씀을 함께 들은 사도들의 증언도 중요합니다만, 그들은 다 유대인이고 갈릴리 사람들입니다."

"그래서요?"

"제가 보기에 앞으로 요한과 마태오스 두 분 사도가 기록을 보완한다고 하더라도 어차피 주님의 뜻이 유대를 벗어나 이방으로 향하고 있다면, 유대인의 전통과 관습을 떠난 객관적 시각으로 복음을 정리하는 것도 필요합니다."

"그렇게 말씀하시는 것은?"

"루카스님은 의술뿐 아니라 일의 원인과 현상을 정확히 파악하여 상세하게 기록하고 정리해 두는 일에도 능력이 있으실 것 같은데."

"의사들이 늘 하는 일이지요."

"유대인이 아닌 이방인의 시각에 의한 보충과 정리도 필요합니다."

"제가 말씀입니까?"

"주님께서 그것을 기다리고 계실지도 모릅니다."

"무엇을요?"

"카타 루칸, 루카스에 의한 복음서를요."

"그것은, 그것은……"

한참 생각에 잠겨 있던 루카스가 카타 마르콘을 가슴에 안으며 말했다.

"사본의 여유가 있으면, 이것을 제게 주실 수 있겠습니까?"

"루카스님께 드리려고 가져온 것입니다."

마르코스가 준비한 여덟 권의 사본 중에서 루카스에게 한 권을 주고 나면 이제 그에게 남게 된 것은 두 권 뿐이었다.

"어머, 실라님. 어서 오세요."

밖에서 루디아의 목소리가 들리더니 이어 방문이 열렸다. 루디아가 두 사람을 데리고 안으로 들어왔다. 루카스가 일어나며 인사를 했다.

"어서 오세요, 마침 잘들 오셨습니다."

그들 중의 실라는 마르코스도 아는 사이였으나 젊은이는 처음이었다.

"혹시, 자네가 티모데오스?"

나이가 꽤 어려보이는 젊은이가 허리를 굽히며 대답했다.

"네, 그렇습니다."

마르코스가 웃으며 말했다.

"파울루스 선생님이 자네를 아들로 삼았다고 들었네. 나도 그분처럼 아들 하나를 들였는데 바로 이 아이지."

그는 아리오크를 모두에게 소개하고 나서 다시 말했다.

"티모데오스, 자네에 대한 파울루스 선생님의 집착이 대단하시더군."

루카스가 웃으며 그 말을 받았다.

"말씀도 마세요, 루스트라에서 제가 이 사람의 할례를 집도했지요."

"네?"

"그것도 선생님의 지시로."

할례 논쟁 때문에 페트로스에게까지 대들고, 예루살렘에 가서 강력하게 할례론자들을 면박했던 그였다. 그런 파울루스가 티모데오스에게 할례를 받게 했다는 것은 말도 안되는 일이었다. 루카스가 껄껄 웃으며 설명을 보탰다.

"티모데오스의 부친이 헬라인이므로 사역할 때 유대인들의 시비를 피하기 위해서는 할례를 받아 두는 쪽이 낫다는 게 그분의 명분이었지. 그러나 내가 보기엔 선생님이 티모데오스를 그 부모님에게서 빼앗으려는 속셈이었어."

마르코스는 그런 마음을 이해할 수 있었다.

"할례가 구원과 상관없듯이, 할례를 받는 것도 역시 상관없겠지요."

얼굴이 굳어져 있던 티모데오스가 그제서야 웃었다.

"마르코스님이 절 구원해 주시는군요."

"어쨌거나"

마르코스가 그들을 바라보며 말했다.

"선생님께서 그런 두 분을 이곳에 남겨 두고 혼자 남쪽으로 가셨으니 몹시 외로우셨을 것 같습니다."

필립포이에서 고초를 겪은 파울루스는 데살로니케와 베로이아로 가서 전도해 큰 성과를 거두었다. 그러나 다시 유대인들이 찾아와 소동을 일으켰기 때문에 아테네로 떠나면서 실라와 티모데오스를 그곳에 남겨 두었던 것이다.

"아테네에서는 정말 외로우셨는지 우리에게 빨리 오라고 연락을 보내셨죠. 그래서 급히 아테네로 달려갔는데 그래도 데살로니케와 베로이아 교회가 염려된다면서 다시 돌아가라고 하셨어요."

루카스가 고개를 끄덕이며 말했다.

"그래도 코린도스에서는 동역자가 많이 생긴 모양입니다. 특히 로마에서 온 아쿨라스와 프리스킬라 내외는 선생님처럼 가죽 기술자이므로 공방에서 함께 일하며 주님의 일에도 동역하고 있다는군요."

"그들 내외가 로마에서 왔다고 하셨습니까?"

"유대인 추방령 때문에 코린도스로 옮겨 왔답니다. 그 외에도 유대인 회당장 크리스포스가 세례를 받았고, 또 그의 뒤를 이어 회당장이 된 소스데네스 역시 믿게 되었다고 하네요."

이번에는 루카스가 실라에게 물었다.

"데살로니케와 베로이아는 좀 안정되었나요?"

"그렇습니다. 야손의 집에서 모이고 있는 데살로니케 교회는 그 외에도 아리스타코스와 세쿤도스 같은 좋은 일꾼들이 있고, 베로이아에도 소파트로스 같은 지도자가 있어서 든든해졌습니다. 그래서……"

"그래서요?"

"저희도 이제는 코린도스로 가서 파울루스 선생님을 도우려 합니다."

그 말을 듣고 루디아가 말했다.

"이번에 가실 때에는 저희가 선생님께서 쓰실 비용을 위해 연보를 좀 거둘 테니까 가지고 가세요. 공방의 일을 하며 전도하시는 것도 좋겠지만, 시간이 너무 아까워요. 돈 버는 일보다 전도에 전념하시는 것도 중요하거든요."

그 말을 듣고 마르코스가 말했다.

"그렇다면 저도 이번에 좀 내고 가겠습니다."

실라가 다시 루카스에게 물었다.

"루카스님도 함께 가셨으면 좋겠는데, 여기 사정은 어떻습니까?"

"선생님과 함께 일하던 클레멘토스가 있고, 유오디아와 순투케 같은 자매들이 있어 꽤 틀이 잡혔지만 조금 더 머물러 있어야 할 것 같습니다."

"자매님들이 좀 드세다지요?"

"그런 일은 루디아님이 워낙 조정을 잘 하고 계시니까 문제 될 일이 없으나, 유대인의 경전과 헬라인, 로마인의 관습을 어떻게 연결시켜 주느냐가 과제입니다. 창조주를 믿는 유대적 신앙과 여러 자연신을 섬겨온 헬라인, 로마인의 사고방식은 그 차이가 너무 크거든요."

마르코스가 루카스에게 물었다.

"혹시, 아폴로스라는 사람을 만난 적이 있습니까?"

"한 달쯤 전에 트로아스로 가는 길이라며 이곳에 잠시 들렀었지요."

"그가 제 친구인데, 프로스 에브라이우스라는 제목의 글을 쓴다고 했습니다. 지금 말씀하신 내용들이 거기 다 들어 있을 것입니다."

마르코스 요안네스

　필립포이를 나선 마르코스와 아리오크는 데살로니케를 거쳐 베로이아의 북쪽을 지나 에그나티아 대로를 질풍같이 달렸다. 이미 바벨론에서 예루살렘에 이르는 사막길을 함께 달려본 그들이었다. 포장된 도로를 따라 마케도니아를 동쪽 끝에서 서쪽 끝까지 횡단하고, 달마티아를 지나 스코드라까지 가는 데 아무런 문제도 없었다. 아리오크가 숨을 들이쉬며 말했다.
　"바다 냄새가 나네요."
　"저것이 아드리아 바다야."
　그 바다 건너편에 로마군의 장화처럼 생긴 이탈리아 반도가 있었다.
　"바다를 건너 계속 가면 뭐가 있죠?"
　"로마가 있지."
　"이드란 상회의 목표는 베네토인가요, 로마인가요?"
　"하나님의 나라."
　그들은 다시 아드리아 해안을 끼고 일루리쿰 지역을 달리기 시작했다. 스코드라에서 아드리아 바다의 북단에 있는 아킬레아까지 꼬박 이레가 걸렸다. 마르코스의 가슴이 다시 두근거리기 시작했다.

"조금 더 가다가 왼쪽으로 꺾어 600스타디아만 가면 베네토야."

"거기서 로마까지는요?"

"남쪽으로 2천 5백 스타디아."

그리고 마침내 그들은 베네토에 도착했다. 백여 개의 섬들이 해초처럼 떠 있는 바다와 개펄 위에 여러 개의 사다리를 엮어 놓은 것 같은 거대한 구조물들이 경쟁이라도 하듯 수없이 솟아 있었다. 아르키메데스의 지렛대와 도르래를 이용해 만든 기중기와 운반 장비들이었다.

"이런 것이 바로 수학의 힘이지."

섬과 섬을 연결한 방파제 사이로 소형 선박들이 움직이고 있었다.

"저분이 누구죠?"

공사 현장에 접근하자 아리오크가 물었다. 손에 설계 도면을 든 채 백발을 휘날리며 공사를 지휘하고 있는 사람이 보였다.

"요아스 감독님이야."

마르코스가 말에서 뛰어내려 그에게로 달려갔다.

"아저씨."

그렇게 몇 번을 불렀을 때에야 요아스가 그들 돌아보았다.

"오, 마르코스."

카아사랴 항에서 헤어지고 7년 만에 만난 두 사람이 서를 끌어안았다.

"너무 늦게 와서 죄송합니다."

"자금을 조달하는 것이 자네에게 가장 큰 임무야."

"아폴로스를 만나 야단을 많이 맞았지요."

"그래서 이렇게 달려왔나?"

"필립포이에서 출발해 하루도 쉬지 않고 달려왔습니다."

마르코스는 요아스 곁에서 그를 돕고 있던 요셉을 발견하고 그와도 포옹을 나누었다. 요아스의 제자들도 알렉산드리아에 있을 때부터 얼굴을 아는 사이여서 반갑게 인사를 나누었다. 그들에게 아리오크도 소개했다.

"제가 바벨론에서 만나 아들로 삼은 아리오크입니다."

"바벨론에서?"

"다니엘 때의 시위대 장관 아리오크의 후손이죠."

마르코스가 왔다는 소식을 듣고, 일하고 있던 나사렛 사람들이 몰려들었고 요나단 촌장도 그를 찾아왔다.

"촌장 어른, 이렇게 정정하셔서 다행입니다."

"예레미야 선지자의 예언이 이루어지는 것을 보며 산다네."

예루살렘이 멸망하기 직전, 하나님은 예레미야 선지자에게 명하여 레갑 사람들을 성전에 모으게 했다. 그리고 포도주를 마시지 말라는 레갑의 약속을 깨고 포도주를 마시라고 명령했다. 그러나 레갑 사람들은 의논 끝에 여전히 포도주를 마시지 말자고 결의했다. 하나님의 명령을 거부한 것이다. 그런데 예레미야를 통해 그들을 칭찬하는 하나님의 말씀이 떨어졌다.

"너희가 너희 선조 요나답의 명령을 따르고 그의 모든 규율을 지키며, 그가 너희에게 명령한 것이 행하여졌도다."
 그리고 더 놀라운 미래가 예고되었다.

　레갑의 아들 요나답에게서
　내 앞에 설 사람이 영원히 끊어지지 아니하리라.

 나사렛 예수의 사역은 잔치 집에서 물이 포도주가 되게 한 것으로 시작되었다. 그리고 식사 자리에서 자주 포도주를 마셨기 때문에 레갑 사람들이 그를 미워하게 되었다. 그러나 그 의문은 마르코스의 집 다락방에서 다 풀렸다. 예수의 포도주는 그의 피였고, 레갑 사람들이 하나님의 명령을 거부했던 허물에 대하여 하나님의 아들 자격으로 사면해 주었던 것이다.
 "그렇습니다. 여러분은 지금 하나님의 집을 짓고 계십니다."
 마르코스가 그들을 격려했다.
 "하나님의 집은 돌이나 벽돌로 짓는 것이 아니라 말씀으로 짓는 것입니다. 하나님께서 계시는 곳이 곧 하나님의 집입니다."
 요나단 촌장이 고개를 끄덕였다.
 "마르코스의 말이 옳아. 하나님의 말씀을 믿고 전하는 크리스티아누스는 이제 모두가 레갑 사람이 되었어. 예수 그리스도께서 모퉁이돌이 되시고, 우리는 하나님이 계실 처소가 되기 위해 성령의 능력으로 함께 지어져 가는 거야."
 마르코스가 그 말을 받았다.
 "그렇습니다. 복음이 유대를 벗어나 모든 이방으로 향하듯 레갑 사람의 울타리도 나사렛을 떠나 하나님 나라의 모든 형제들에게로 확대되는 것입니다."

사람들이 약속이라도 한 듯 함께 외쳤다.

"할렐루야."

"여러분, 이제 내년부터 베다니 형제들의 이주가 시작될 것입니다."

"힘을 냅시다."

요아스는 마르코스와 아리오크를 현장 사무소로 안내했다. 그리고 도면대 위에 있는 많은 설계 도면들 속에서 한 장을 꺼내 펼쳤다.

"이것이 베네치아의 전체 배치도야."

"베네치아요?"

"베네토에 세운 수상 도시라는 뜻이지."

로마어로 '베네투스'는 푸른 색 또는 바다 빛깔을 의미하는 말이었다. 거기서 베네토가 나왔는데 요아스는 그 말에서 다시 베네치아라는 도시 이름까지 준비해 놓았던 것이다.

"규모가 대단하군요."

"그런데도 땅을 사는 비용이 필요 없었어."

도시와 부두가 바다와 개펄 위에 설계되었기 때문에 그곳의 임자가 없었고 땅을 사들일 필요도 없었던 것이다.

"땅의 임자가 하나님이셨군요."

"바로 그거야."

"공사를 시작할 때 말썽은 없었습니까?"

"개펄 위에 도시를 짓는다니까 지방 관청은 대환영이었지. 공사의 규모가 점점 커지니까 이따금씩 시비도 들어왔지만, 코넬리우스 장군이 그런 잡음들을 막아내는 데 큰 역할을 해 주었어."

"유대인 추방령은 영향이 없었나요?"

"그건 로마뿐이야."

역시 그것은 크리스티아누스 세력이 커지는 것을 시기한 유대인들이 황후 아그리피나를 끼고 꾸며낸 공작이었던 것이다.

"도로 대신 물길이 깔려 있네요."

마르코스가 전체 도면을 들여다보며 말했다.

"그것이 자네가 착안했던 거야. 섬과 섬을 연결하여 방파제와 부두를 만들고 그 사이에 공방과 상점가를 배치했지. 사람과 화물은 도로 대신 물길을 이용해 왕래하고 말이나 수레 대신 배를 이용하는 거야."

"이 쪽이 주거 지역인가요?"

"주거 지역도 물 위에 배치하려고 하는데, 처음부터 주거 지역이 커지면 로마 당국이나 지방 정부의 주목을 받게 될 것 같아서 말이지."

"그래서요?"

"레갑의 전통을 이용하기로 했어."

"예?"

"집을 짓지 말고 장막에서 살아라. 그것이 바로 레갑의 전통 아닌가?"

솔로몬 시대의 성전 공사에서 레갑이 제외되자 그 반발로 집을 짓지 말자는 레갑의 약속이 생겼다. 그러나 실은 그것이 아브라함 때부터의 전통이었다. 아브라함은 평생 집을 짓지 않고 나그네처럼 장막에서 살았던 것이다.

"장막을 치겠다구요?"

"그렇지. 이곳에 장막들이 들어서도 외지 사람들은 그냥 부두가 생겼다는 정도만 알고 도시가 생겼다는 것은 모를 거야."

"그러면 장사는요?"

"자네 말대로 베네치아는 당분간 게르마니아와 갈리아 쪽에서 나오는 물자를 실어내고, 지중해에서 들어오는 상품들을 들여오는 관문 역할을 할 것 아닌가? 물론 유통 창고와 견본 시장은 건설하겠지만 이드란 상회와 거래하는 모든 상인들은 이곳에 중요한 교역의 장터라는 것을 알게 되겠지."

"그렇습니다. 사람들이 다투어 집을 지으면 쉽게 명소가 될 수 있겠지만, 애써 건설한 새 도시에 세상의 바람이 너무 빨리 밀려들 수도 있지요."

"그리고 마르코스."

요아스가 또 말할 것이 있다는 듯 그를 바라보았다.

"네, 아저씨."

"자네를 본 김에 한 가지 더 권할 것이 있어."

"말씀하세요."

"자네 말로는 첫 번째 접안 시설이 완공되는 내년부터 베다니 형제들의 이주가 시작될 것이라고 했지?"

"네, 뭔가 문제라도 있습니까?"

"이주 인원의 수송을 어떻게 할 건가? 나사렛 사람들이 올 때에도 배 한 척을 전세 냈지만, 대형 상선이라도 승선 가능한 인원이 300명이야."

"그렇지요."

"자네가 계속 지중해 연안의 모든 나라를 상대로 교역할 생각이 있다면 이번 기회에 이드란 상회의 전용선이 필요하지 않겠나?"

"그렇군요."

요아스는 마르코스가 아직 생각하지 못했던 것을 말해 주었다. 그의 말에 일리가 있다고 생각한 마르코스가 머릿속으로 부지런히 자금 문제를 계산하고 있을 때 입구 쪽에서 요셉의 목소리가 들렸다.

"어서 오십시오, 장군."

사무소 안으로 들어온 사람은 바로 코넬리우스 장군이었다.

"오셨다는 보고를 받고 달려왔습니다."

마르코스가 벌떡 일어나며 그를 껴안았다.

"우리도 7년만이군요."

"마르코스님, 참으로 엄청난 일을 하고 계십니다."

"코넬리우스 장군의 도움이 없었으면 이런 일이 불가능했을 것입니다."

"성령께서 하시는 일이지요."

그는 아직도 카이사랴에서 페트로스를 만나 성령 받은 감동을 잊지 못하고 있었다. 그리고 모든 사람이 그 성령의 강한 바람은 마르코스의 집 다락방에서부터 시작된 것으로 알고 있었다. 마르코스는 그와 함께 온 부관 리누스를 알아보고 그와도 인사를 나누었다.

"아직도 장군과 함께 일하시는군요."

그도 카이사랴에서 게바의 증언을 듣다가 성령을 받은 사람이었다. 코넬리우스가 마르코스의 귀에 대고 말했다.

"리누스는 황제의 가장 가까운 친척입니다."

코넬리우스와 그의 부관 리누스를 만나자 마르코스는 그들이 가장 궁금해 할 페트로스의 소식을 전했다.

"실은, 지난해에 바벨론에 가서 페트로스님을 만났습니다."

"페트로스?"

"게바님이 이름을 페트로스로 쓰고 있지요."

생각했던 대로 코넬리우스는 그 이름만 듣고도 벌써 감격했다.

"그분이 아직 이탈리아에 오신 적은 없지만 여기서도 큰일을 하고 계십니다. 로마 교회와 이곳 베네토 교회가 모두 천국의 열쇠를 받았다는 그분을 교회의 수장으로 여기고 있으니까요."

"그것은 안티오키아 교회도 마찬가지입니다."

그들의 대화를 듣고 있던 요셉이 말했다.

"로마와 베네토가 점점 교우들은 많아지는데 한 가지 아쉬운 점은 주님의 행적과 말씀에 대한 기록이 없다는 겁니다. 나도 역시 형님과 함께 다니지 않아서 사도들로부터 들은 이야기뿐이거든요."

"실은 제가 바벨론에 갔을 때 페트로스님을 졸라서"

그는 품속에서 카타 마르콘의 사본을 꺼냈다. 이제 마르코스 자신이 보관할 한 권을 빼고는 그것이 마지막 사본이었다.

"주님의 행적과 말씀을 불러 주시는 대로 받아 적었습니다."

"오, 이것이?"

코넬리우스가 놀라며 그 책을 받아 살펴보았다.

"카타 마르콘?"

"페트로스님이 직접 쓰신 제목입니다."

그는 다시 짐 속에서 두 개의 두루마리를 꺼내 놓았다.

"이들 중 하나는 안티오키아와 예루살렘에서 할례 논쟁이 벌어졌을 때 파울루스 님이 갈라티아 지역의 교회들에 보낸 서한의 사본이고, 또 하나는 페트로스님이 폰투스와 갑파도키아 등 북방 교회들에 보낸 서한의 사본입니다."

코넬리우스는 감격하여 카타 마르콘과 페트로스의 편지, 그리고 파울루스의 서한을 살펴보더니 그것을 요셉에게 건네주었다.

"요셉님께서 이것을 보관해 주십시오."

"왜 제가?"

"앞으로 로마와 베네토의 교회를 요셉님께서 이끌어 주셔야 합니다. 저는 머지않아 로마의 권력 안으로 들어가 크리스티아누스를 보호하는 일에 나서려 합니다. 그래서 로마 교회에서도 저의 이름은 숨겨져 있지요."

마르코스 요안네스

　바다 위에 건설되는 항만과 새 도시의 기능별 배치를 요아스와 협의하고 공사 일정과 주민의 이주 계획을 상세하게 수립하느라고 마르코스는 베네토에서 거의 한 달 이상을 보냈다. 물론 그 일정에 따르는 선박의 확보 문제와 자금 계획도 정밀하게 세워졌다.
　"제가 돌아가면 즉시 삭개우스 선생님을 보낼 것입니다. 공방과 상점의 배치는 그 때 다시 한 번 더 조정을 하지요."
　"그게 좋겠군."
　"아저씨께서 이미 카이사랴 항의 물자 운반 경로를 보셨고, 알렉산드리아의 부두 구조도 알고 계시니 항구의 설계에는 문제가 없을 것입니다."
　한 달간의 바쁜 일정을 마무리하고 마르코스는 다시 아리오크를 데리고 베네토를 떠났다. 요아스와 요셉 그리고 요나단 촌장과 작별하고 마르코스는 코넬리우스 장군과 인사를 했다.
　"이탈리아에 성령의 바람이 불 날도 멀지 않은 것 같군요."

"준비를 하고 있겠습니다."

"장군께서 하실 일이 많을 것 같습니다."

"이제 어디로 가십니까?"

"게누아를 거쳐 루그두눔 쪽으로 가볼 예정입니다."

어디로 가는지 모르고 있었던 아리오크가 눈망울을 굴렸고 요아스도 궁금하여 그에게 물었다.

"갈리아에는 왜?"

"앞으로 베네치아가 게르마니아 쪽의 물동량을 흡수하게 되더라도 갈리아 지역은 역시 게누아가 유리합니다. 게누아를 견제하려면 갈리아 지방으로 들어가 루그두눔에 거점을 마련할 필요가 있을 것 같습니다."

갈리아 지역은 100년 전에 율리우스 카이사르가 정복을 완수한 지역이었고 루그두눔은 그 지역의 행정 수도였다. 요셉이 나서며 말했다.

"베다니의 라사로와 그 누이들이 지금 루그두눔에 있다고 하던데요."

"네, 가서 한번 찾아볼 생각입니다."

루그두눔은 유배지로도 자주 사용되었다. 처남 아그립바 1세에게 밀린 헤롯 안디바가 유배되어 가 있는 곳이고, 헤로디아의 딸 살로메가 얼어붙은 로네 강을 건너다가 빠져서 얼음에 목이 잘린 곳이기도 했다.

"여러분, 수고하십시오."

"주님의 은총이 마르코스님과 함께 하시기를 바랍니다."

베네 토 식구들의 전송을 받으며 마르코스와 아리오크는 말에 올랐다. 그들은 에그나티아 대로를 따라 로마 쪽으로 남하하지 않고 오른쪽 길로 들어서서 서쪽을 바라고 달리기 시작했다. 게누아 항은 아킬레이아에서 베네토까지 거리의 두 배 반쯤 되는 곳에 있었다.

"페니키아 상인들이 요지에 자리를 잡았군요."

"이제 우리가 협공을 해야지."

이탈리아 반도의 서쪽 겨드랑이에 게누아가 있었고 베네토는 그 동쪽 겨드랑이에 있었다. 마르코스는 다시 게누아의 서쪽 루그두눔에 또 하나의 거점을 마련하여 그 중간에 있는 게누아를 협공하겠다는 것이었다. 마르코스와 아리오크는 게누아의 거리와 부두를 샅샅이 누비며 그들의 제품 창고와 물동량의 규모 그리고 거래 동향과 거래 품목들을 모두 조사했다.

"이드란 상회의 거래 품목과 완전히 같네요."

아리오크가 눈빛을 반짝이며 말했다. 게누아의 상품들 역시 옷감과 수공예품 그리고 가죽 제품과 금속 제품들이었다.

"숙명적인 경쟁자야."

"그렇지만 아빠."

"왜?"

"상대방과 똑같으면 경쟁에서 이길 수는 없죠."

"이길 수 없다니?"

"조건이 같으면 장사를 운에 맡기게 되고, 일의 의욕이 떨어지게 되죠. 확실하게 이기려면 상대방과 다르게 해야 될 것 같은데요."

"무엇을 다르게 하지?"

"품목이 같더라도 다르게 하는 방법은 있지요. 모양이 새롭다던가, 품질이 다르다던가, 가격이 다르다던가, 거래 조건이 다르다던가."

마르코스가 놀라며 아리오크를 바라보았다.

"너, 어떻게 그런 것을 다 아느냐?"

"아멜 삼촌의 말에 의하면 과거에는 바벨론의 장사꾼도 페니키아의 장사꾼 못지않게 유능했대요. 바벨론 문자는 아카드 문자에서 온 것이고, 아카드 문자는 수메르 문자에서 나왔는데 본래 문자를 만든 목적은 장사꾼들이 계약서를 작성하기 위해서였다고 하던데요."

유대인이 워낙 고지식하고 융통성이 없어서 장사에 유능한 페니키아 상인들을 부러워했는데, 실은 바벨론의 상인이 한 수 위라는 것이었다. 페니키아가 바다의 상권을 장악했다면 바벨론은 대륙간의 교역을 주도했던 것이다.

"내가 앞으로 네게서 많이 배워야 할 것 같구나."

아리오크가 어깨를 으쓱 하며 말했다.

"아랫사람에게라도 배우는 것은 결코 부끄러운 것이 아니지요."

"누가 그런 말을 했지?"

"마르코스 요안네스."

마르코스 요안네스

게누아를 떠난 지 사흘 만에 마르코스와 아리오크는 헤로디아의 딸 살로메가 겨울에 건너다가 얼음 조각에 목이 잘렸다는 로네 강을 건넜다. 마르코스는 우선 유대인 회당을 찾았다. 루그두눔에 유대인이 별로 많지 않아서 회당을 찾는 것은 별로 어렵지 않았으나 문이 닫혀 있었다. 마르코스는 주변을 둘러보다가 과일 가게 하나를 발견하고 그 안으로 들어섰다.

"저, 회당의 문은 언제 여나요?"

과일 가게의 노파가 고개도 안 돌린 채 대답했다.

"저녁 시간이 되어야지."

"아……"

돌아서 나오려던 마르코스는 노파의 모습이 낯익은 것 같아 그녀의 얼굴을 자세히 들여다보았다. 노파는 더욱 고개를 돌렸다.

"아니, 당신은?"

마르코스가 노파의 쭈그러진 얼굴 속에서 그의 기억을 찾아냈다. 그녀는 바로 헤롯 안디바의 아내 헤로디아였던 것이다.

"당신, 헤로디아 왕비 맞지요?"

"쓰레기통 같은 지난날을 들쑤시지 마시우."

숙부 빌립과 결혼했다가 이혼하고 또 다른 숙부 안디바와 결혼하여 유대인의 비난을 샀던 헤로디아의 모습은 이제 다 쭈그러진 얼굴과 남루한 의복 어디에도 남아 있지 않았다. 딸 살로메를 시켜 남편 안디바로 하여금 세례자 요한의 목을 자르게 했던 지난날의 그 위세도 찾아볼 수 없었다.

"전하께서는 살아 계십니까?"

질문 받기를 싫어하는 것 같았으나 궁금해서 캐묻지 않을 수가 없었다. 안디바는 그녀와 결혼하기 위해 나바테아 왕 아레타스의 딸을 버렸다. 그래서 공격해 온 나바테아 군에 패전한 것이 결국 추방까지 이어졌던 것이다.

"병이 들어 침상에 누워 계신다우."

"무슨 병이신데요?"

"그 나이에 쓰러졌다면 뭐겠어, 다 중풍이지."

"아……"

노파가 불쌍해 보여 과일을 좀 사면서 그가 다시 물었다.

"유대인들이 좀 도와주지 않습니까?"

그녀는 고개를 저었다.

"이두매 사람을 왜 돕겠어, 과일이나 팔아 주면 다행이지."

이두매는 유대인들이 미워하는 에돔 족속이었다. 그래서 유대인들은 헤롯 일가가 유대와 갈릴리를 지배하는 것이 그토록 못마땅했던 것이다.

"혹시, 라사로라는 사람이 어디 사는지 아십니까?"

노파가 비로소 그의 얼굴을 보았다.

"죽었다 살아난 그 사람?"

라사로가 무덤에서 살아나온 그 때에 안디바는 갈릴리와 베뢰아의 분봉왕이었고, 헤로디아는 왕비였던 것이다. 산헤드린 공회가 예수를 두려워하여 죽이기로 결의한 것도 죽었다가 살아난 라사로가 있기 때문이었다.

"네, 맞습니다."

"거지들에게 물어보면 다 알 거요."

"네?"

마르코스는 그것이 무슨 말인지 곧 알아들었다. 라사로가 루그두눔에서도 병자들과 거지들을 보살피고 있는 것이 분명했다. 그리고 노파의 말대로 거지들에게 수소문하여 마르코스는 라사로의 집을 곧 찾을 수 있었다.

"저, 라사로님을 좀 뵈러 왔습니다만."

그는 사실 라사로와 정식으로 대면한 적이 없었다. 다그치는 어머니를 따라가서 성전에서 가르치는 예수를 몇 번 보았을 뿐, 베다니에는 가본 적이 없었다. 또 예수와 그 제자들이 마르코스의 집에서 유월절 식사를 할 때 라사로는 그들 중에 없었다. 겟세마네에도 그의 모습은 보이지 않았다. 라사로와 누이들은 이미 헬라 사람들과 함께 베다니를 떠났던 것이다.

"제가 라사로인데, 누구시죠?"

병자들을 돌보던 라사로가 허리를 펴며 그를 보았다.

"저는 예루살렘에서 온 마르코스라는 사람입니다."

그러자 그와 함께 일하던 여자가 눈을 크게 뜨며 말했다.
"아, 내가 이분을 알아요."
그녀는 마르코스의 얼굴을 살펴보며 물었다.
"어머니 이름이 마리아지요?"
"네, 그렇습니다."
"맞아요, 성전에서 몇 번 보았어요. 사실 나도 이름이 마리아거든요."
"아, 그러면 라사로님의 누이시군요."
라사로는 우선 고향에서 온 나그네를 집 안으로 안내했다. 마리아는 그녀를 돕던 젊은이를 불러서 따라 들어오게 했다.
"크레스케스, 인사를 드려라."
라사로가 좀 어려보이는 젊은이를 소개했다.
"여기서 내가 주님의 말씀을 가르쳐 제자로 삼은 아이입니다."
마르코스도 그들에게 아리오크를 소개했다.
"제가 지난해에 페트로스님을 만나러 바벨론에 갔다가 이 아이를 아들로 삼았습니다. 이름은 아리오크라고 하지요."
"페트로스라면?"
"네, 게바님이 이름을 그렇게 쓰고 계십니다."
"본래 게바가 헬라어로 페트로스니까."
"네, 그렇지요."
모두가 자리에 앉은 후에 라사로가 마르코스에게 물었다
"그런데, 어떻게 이 먼곳까지 찾아오셨습니까?"
"제가 여러 도시에 지점과 대리점을 두고 장사를 합니다만,

혹시 루그두눔에 지점을 낼 필요가 있을까 하여 들렀습니다. 마침 라사로님께서 루그두눔에 계시다는 소문을 들었기 때문에 이렇게 찾아뵙게 되었습니다."

"어쨌든 반갑습니다."

라사로의 말에 마리아가 토를 달았다.

"고향 소식 좀 들려주세요."

마르코스는 잠시 생각을 정리한 후에 입을 열었다.

"주님에 관한 일은 어느 정도 알고 계십니까?"

"이따금씩 유대에서 오는 사람들을 통해 대강은 듣고 있습니다. 주님께서 고난을 당하시고 부활하셨다는 것, 그 제자들이 말씀을 전하기 시작하여 많은 사람들이 복음을 받게 되었다는 것."

"주님께서 베다니에 계실 때 많은 병자들이 모여들었다지요?"

"네, 그랬었지요."

"지금도 라사로님의 집은 그렇게 사용되고 있습니다. 사도들이 그 집에서 병자들을 돌보는데 많은 기적이 일어나고 있지요."

"정말 좋은 일이군요."

그가 11년 전 알렉산드리아에서 돌아왔을 때 모친과 외삼촌에게서 들었던 것들을 그들에게도 들려주어야 할 것 같았다. 이야기를 시작하려 하자 라사로는 그를 마당으로 데리고 나가, 거기 모인 모든 사람들과 함께 그의 말을 들었다. 마르코스는 자신의 집에서 있었던 유월절 식사에서부터 예수의 고난과 부활, 또 오순절에 그 다락방에서 일어났던 일을 말했다.

"주님께서 예고하신 대로 성령의 역사가 시작된 것입니다."

그는 다락방 사건 이후 21년간 예루살렘에서 시작하여 사마리아와 안티오키아와 다메섹 그리고 갈라티아와 폰투스, 갑파도키아, 아디아베네, 파르티아와 바벨론까지 복음이 들어간 것도 알렸다. 또 학자 파울루스의 회심으로 복음이 필립포이, 데살로니케, 베로이아를 거쳐 아테네와 코린도스까지 전파되고 있는 모든 일을 라사로와 마리아와 모든 이들에게 전했다.

"오, 주여."

라사로의 남매와 그곳에 모인 사람들이 마르코스의 이야기를 듣는 사이에 날이 저물었다. 마르코스의 이야기는 저녁 식사를 하고 나서 또 이어졌고 밤을 지새고 다시 아침이 올 때까지 계속되었다. 마르코스가 차를 한 모금 마시며 잠시 쉬는 동안 라사로가 지난 일을 기억하며 말했다.

"산헤드린 공회 의원인 니고데모가 어느 날 밤에 주님을 찾아왔었지요."

그가 라사로의 집으로 찾아왔었던 것이다.

"들은 적이 있습니다."

"그가 와서 주님께 영생의 도리를 물었을 때, 사람이 물과 성령으로 거듭나지 않으면 하나님의 나라를 볼 수 없다고 하셨지요. 또 말씀하시기를 바람이 임의로 불매 그 소리를 들어도 어디서 와서 어디로 가는지 알지 못하듯 성령으로 난 사람은 다 그렇다고 하셨습니다. 정말 그 바람이 시작되었군요."

"그렇습니다."

그 때였다. 두 사람의 대화를 듣고 있던 사람들 사이에서 갑자기 이상한 일이 일어났다. 알아들을 수 없는 소리로 기도하는 사람이 있는가 하면, 울며 몸부림을 치는 사람도 있었고, 온 몸이 뜨거워져 땅에 뒹구는 사람도 있었다. 라사로 남매도 놀라고 마르코스도 놀랐다.

"어떻게 이런 일이……"

마르코스의 집 다락방에서 21년 전에 일어났던 일이, 카이사랴의 코넬리우스 관사에서 8년 전에 일어났던 일이, 그리고 지난해 바벨론에서 페트로스와 기도할 때 마르코스 자신에게 일어났던 일이 루그두눔에서 일어났던 것이다. 마르코스가 자리에서 일어나며 말했다.

"여러분, 기다리던 분이 임하셨습니다. 함께 감사의 기도를 드립시다."

모인 사람들이 일제히 기도를 시작했다.

"천지와 바다와 그 가운데 만유를 지으신 주재시여, 독생자 예수 그리스도를 통해 약속하신 것을 내려 주시니 감사하나이다. 저희로 하여금 담대히 하나님의 말씀을 전하게 하시며, 손을 내밀어 병을 낫게 하시고, 표적과 기사가 거룩한 종 예수의 이름으로 이루어지게 하옵소서."

여기저기서 병자들이 일어나고, 기뻐서 외치는 소리가 계속되었다. 복음을 영접한 사람들과 라사로 남매가 붙잡고 놓아주지 않아서 마르코스는 여러 날을 루그두눔에 머물러야 했다.

"주님께서 베다니에 계실 때"

마리아가 그에게 말했다.

"내가 그분의 말씀을 자세히 들었기로 여기 모인 사람들에게 그것을 전하고 기도해 주며 살았지요. 그런데 이번에 마르코스님이 이곳에 오셔서 놀라운 일들이 일어났고, 또 그동안 전하시는 말씀을 들어보니 우리가 더 알아야 할 것들이 많이 있는 것 같아요."

마르코스가 그녀에게 말했다.

"그동안 라사로님께서 크레스케스를 제자로 삼으셨으니 그를 유학 보내 더 공부를 하도록 하시면 어떨까요?"

"유학을요?"

"지금 헬라 지역에서 전도하시는 파울루스님은 알렉산드리아의 대학자 필로와 비견되는 유명한 분이었습니다. 그가 회심하여 헬라 모든 도시에 주님의 말씀을 전하고 있는데 지금 코린도스에 계십니다. 크레스케스를 그분에게 보내 공부하게 하시면 루그두눔 교회를 이끄는 큰 재목이 될 수 있을 것입니다."

마리아가 그를 바라보았다.

"크레스케스, 네 생각은 어떠냐?"

"보내 주신다면 그렇게 해 보겠습니다."

마르코스가 다시 라사로에게 물었다.

"그런데, 제가 알기로는 라사로님께 두 분의 누이가 있다고 들었는데, 또 한분은 어디 계십니까?"

그 물음에는 마리아가 대답했다.

"언니는 우리 생활비를 벌기 위해 마실리아에서 장사를 하고 있어요."

마실리아는 로네 강 하구에 있는 항구였다.

"아, 그렇습니까?"

마르코스 요안네스

　루그두눔에서 여러 날을 보낸 마르코스와 아리오크는 크레스케스가 코린도스로 갈 준비를 다 갖춘 후에 마실리아로 향했다. 게누아와 루그두눔과 마실리아의 위치는 거의 정삼각형을 이루고 있어서 그들이 로네 강 하구에 있는 마실리아까지 가는데도 역시 사흘이 걸렸다.
　"갈리아 지역에 지점을 개설하신다면"
　크레스케스가 마르코스에게 의견을 말했다.
　"루그두눔보다 마실리아가 오히려 나을 것 같은데요."
　"왜요?"
　"항구니까 운송이 빠르지 않겠습니까?"
　마르코스도 그런 생각을 하고 있었다. 갈리아 지역에서 나오는 물량이 게누아로 가는 것보다는 마실리아로 내려오는 것이 더 가까웠던 것이다. 그들이 부두 근처에 있는 광장으로 들어서자 크레스케스는 곧장 상점가로 가서 '베다니 상점'이라고 쓴 가게 앞에 멈추어 섰다.

"마르다 고모님, 저 크레스케스에요."

그러자 안에서 마리아보다 좀 살쪄 보이는 여인이 달려나왔다.

"크레스케스, 네가 어쩐 일이냐?"

"저, 유학을 가려구요."

"뭐라구?"

그는 대답을 대신 해달라는 듯 마르코스를 바라보았다. 마르코스가 먼저 그녀에게 인사를 했다.

"저는 예루살렘에서 온 마르코스라고 합니다."

그는 루그두눔에서 했던 것처럼 자세히 말할 수가 없어서, 요점만 간추려가며 단숨에 말했다.

"저는 지중해안의 여러 도시에 지점과 대리점을 두고 장사하는 상인입니다. 주님께서 마지막 식사를 하신 곳이 저의 집이어서 제자분들과도 잘 아는 처지인데, 라사로님이 루그두눔에 계신다 해서 들렀지요. 회심한 학자 한 분이 코린도스에서 복음을 전한다는 말을 라사로님이 들으시고, 크레스케스 군을 그 분에게 보내 공부를 시켰으면 좋겠다고 하셨습니다."

마르다가 크레스케스의 머리를 쓰다듬었다.

"공부하는 것은 좋은데, 마리아가 꽤나 섭섭했겠구나."

크레스케스가 고개를 끄덕이며 마르코스에게 그 말의 뜻을 설명했다.

"마리아님이 저를 아들처럼 생각하시거든요."

그의 얼굴을 들여다보던 마르다가 마르코스에게로 고개를 돌렸다.

"그런데, 마실리아에도 지점이 있나요?"

역시 그녀는 장사 쪽에 관심이 있는 것 같았다. 마르코스가 보니 그녀의 인상이나 성품은 필립포이의 루디아와 많이 비슷한 것 같았다.

"실은 지점 개설의 타당성을 검토해 보려고 이곳에 왔습니다."

"취급 품목은 어떤 것인데요?"

"곡물 거래를 주로 하지만 유대와 사마리아에서 생산되는 옷감과 수공예품, 가죽 제품, 금속 제품 등 거의 모든 품목을 교역합니다."

마르다가 뛸 듯이 반가와 하며 말했다.

"더 알아볼 것도 없겠네요. 그 지점, 내가 맡아서 하면 안 될까요?"

"이 지역의 상황을 좀 알아봐야지요."

그러나 마르다의 대답은 거침이 없었다.

"필요한 것이 있으면 말씀하세요. 어지간한 자료는 내게 다 있으니까. 안 그래도 페니키아 상인들이 자꾸 찾아와 자기네 대리점을 하지 않겠느냐고 하길래 내가 조사해 놓은 것이 좀 있거든요."

페니키아 상인들이 찾아왔다는 것을 보면 그녀의 장사 솜씨가 마실리아 일대에서 꽤 인정을 받고 있는 것 같았다.

"어디, 조사해 놓으신 자료를 좀 볼까요?"

마르코스 요안네스

    마르다의 자료를 바탕으로 마실리아 항의 입지 조건과 항만의 구조 그리고 갈리아 지역의 생산 규모 등을 검토하는 데 다시 한 달이 걸렸다. 마실리아에 지점을 개설할 만한 타당성이 있다고 판단한 마르코스는 트로아에서 했던 것과 마찬가지로 마르다에게 이드란 상회의 규정과 업무 지침을 전했다.
    "알렉산드리아 본점의 다브네스로부터 곧 연락이 올 것입니다."
    "준비를 해 놓고 기다리겠어요."
    베다니 상점을 이드란 상회의 지점 체제로 바꾸는 모든 준비가 끝나자 마르코스는 아리오크, 크레스케스와 함께 코린도스행 배에 올랐다.
    "아리오크, 아빠를 따라다니기가 힘들지 않니?"
    "배울 점이 많은 것 같아요."
    "아비의 훈계를 들으며, 명철을 얻기에 주의하라."
    "마르코스 요안네스의 말인가요?"

"아니, 솔로몬의 잠언이야."
"이번에 지점과 대리점 설치를 결정해 성과가 큰 것 같아요."
"이제야 제대로 골격을 갖춘 셈이지."
이는 지중해 교역에서 이드란 상회가 페니키아 상인들과 경쟁할만한 체제가 마련되었다는 뜻이었다. 알렉산드리아에 본점을 둔 이드란 상회는 예루살렘과 세바스테와 안티오키아에 지점이 있었으나, 바벨론과 트로아스 그리고 마실리아에 지점을 추가하여 동과 서를 아우르는 모양을 갖추었던 것이다. 대리점도 밀레토스, 페르가몬, 필립포이 등 세 곳이 더 늘어났다.
"이제 베네토만 준공되면 큰 그림이 드러나겠네요."
"우리가 열심히 하면 주님께서 이루시겠지."
배가 사르디니아 섬을 지나 시쿨리 섬을 향해 가고 있을 때 마르코스가 크레스케스를 불러서 말했다.
"코린도스에 도착하면 우선 유대인 회당의 소스데네스 회장장을 찾아가게. 그분이 파울루스 선생님께 안내를 해 줄 거야. 파울루스 선생님께 찾아온 사연을 말하고 내 안부도 좀 전해 주게. 우리도 곧 코린도스에 갈 것이라고."
크레스케스가 놀라며 물었다.
"같이 가시는 것이 아니었나요?"
"다른 일 때문에 수라쿠사 항에서 내려야겠어."
"수라쿠사에 볼 일이 있으신가요?"
"아니, 크로토네와 타렌툼에서 좀 알아볼 일이 있거든."
시쿨리 섬의 수라쿠사와 이탈리아 남부의 크로토네, 타렌툼은 모두 800년 전에 스파르타 사람들이 들어와 건설한 항구들이었다. 오랜 번영을 누렸던 그 식민 도시들은 알렉산더가 죽은 후 점차 쇠약해지다가 로마에 항복하여 흡수되었다. 마르코스는 어차피 지나는 길에 아버지 이드란의 마지막 항로에 들어 있던 크로토네와 타렌툼을 둘러보고 싶었던 것이다.

"그럼 나중에 다시 뵙겠습니다."

"파울루스님은 학문이 높은 분이니 잘 배우도록 하게."

"네, 열심히 하겠습니다."

"공부가 끝나면 다시 루그두눔으로 돌아와야겠지?"

"물론이죠."

"돌아오면 마실리아의 일도 잘 도와 드리게."

"알겠습니다. 그렇게 할게요."

138
마르코스 요안네스

크로토네 항은 이미 300년 전부터 로마식으로 바뀌어 스파르타의 흔적이나 아카야 문화의 자취는 어디서도 찾아볼 수 없었다. 항구에서 중심가로 들어가도 경기장과 체육관, 그리고 목욕탕과 도박장 등 로마식 도시 모습만 보였고 상점가에도 외국에서 들여온 의상과 사치품들이 즐비했다.

"크로토네는 피타고라스 학교가 있던 곳이라지요?"

상점에 들어가서 물어보아도 주인은 어깨만 추켜올려 보일 뿐 대답이 없었다. 로마인들의 생활 자체가 수학이나 철학과는 별로 관계가 없었다.

"대단하군, 300년 만에 그토록 바뀌다니."

밀레토스나 에페소스, 페르가몬에서 본 것과는 판이하게 달랐다. 그는 옷가게에 들러 주인에게 물어보았다.

"혹시, 헬라 시대의 유적은 없습니까?"

주인은 손가락을 들어 육지의 안쪽을 가리켰다. 높은 언덕 위에 신전 같은 건물들이 보였다.

"아크로폴리스?"

그가 고개를 끄덕였다. 결국 600년 전 헬라 시대의 흔적을 찾으려면 아크로폴리스로 가는 수밖에 없을 것 같았다.

"아버지가 왔을 때도 이런 경로를 거쳤을까?"

아크로폴리스에 남아 있는 것은 아폴론 신전뿐이었다. 태양숭배는 본래 동방에서 온 것이고 아폴론 신도 동쪽에서 온 것을 헬라 사람들이 자기네 신화에 편입시킨 것이었다. 소아시아 쪽의 도시들을 개척한 아테네 사람들은 그곳에 아테나 여신과 아폴론 신전을 함께 세웠다. 그러나 크로토네는 스파르타 사람들이 건설한 도시이므로 아폴론만 있었던 것이다.

"저건 뭐죠?"

아리오크가 그 옆에 있는 건물을 가리켰다.

"아, 히아킨토스를 위한 제단이로군."

"히아킨토스?"

"스파르타의 창설자인 라케다이몬과 스파르테 사이에서 아미클라스가 태어났는데 그와 클레이오네의 아들이 히아킨토스야."

"그런데 왜 그의 제단이 아폴론 신전 옆에 있죠?"

"스파르타 사람들 사이에 동성애가 널리 번져, 동성애를 그린 신화를 만들었지. 아폴론이 아름다운 소년 히아킨토스를 사랑했는데, 어느 날 그가 아폴론이 잘못 던진 원반에 이마를 맞아 숨졌다는 거야."

"그런데요?"

"히아킨토스의 피가 흐른 곳에서 빨간 꽃이 피어났다면서, 지금도 스파르타 사람들은 매년 히아킨티아 축제를 열고 있어."

마르코스는 잠시 생각해 보다가 히아킨토스 제단 쪽으로 발길을 옮겼다. 스파르타의 나이가 많은 후손을 찾으려면 그 쪽이 나을 것 같아서였다. 과연 제단을 지키는 늙은 제관이 사당 앞에 앉아 있었다.
"저, 한 가지 여쭤보아도 되겠습니까?"
"말씀하시오."
"혹시 이 크로토네에 피타고라스 학교의 유적이 있습니까?"
"있기는 했는데 지금은 주춧돌만 남았지."
"왜 그렇게 되었나요?"
"그의 패거리들이 모두 악당들이었거든."
더러 사기꾼이라고는 했어도 악당이라는 말은 처음 듣는 것이었다.
"학자들로 알고 있었는데요."
"주민들을 마법과 폭력으로 학대했으니 악당이지."
"제가 알기로는 크로토네가 본래 스파르타 사람들이 건설한 도시라던데 누가 감히 스파르타 사람들을 학대할 수 있습니까?"
"도시가 너무 번영해서 사람들이 쾌락과 안일에 빠져 있었지. 그럴 때 피타고라스가 이곳에 부하들을 끌어들인 거야. 피타고라스의 비밀 교단에 소속된 자들이 관직을 다 장악하고, 강제로 자기네 교리를 지키게 했지."
그는 디오니소스와 올페우스의 신화를 바탕으로 윤회설을 만들고, 주민들의 사생활을 그 잣대로 억압했다. 그리고 그 교단의 교리에 복종하지 않는 자는 일방적 재판 절차를 거쳐 가차 없이 처형했던 것이다.

"학자의 집단이 아니라 정치 세력이었단 말씀인가요?"

"그는 자기 제자들을 피타고리오라 했고, 자신의 추종자들을 피타고리스타이라고 했지. 그들은 인간을 단지 조직 속의 수로만 보았거든."

그것은 마술사 시몬이 자신을 시몬 상쿠스라 자칭하고 자기 추종자들을 시모니아누스라고 한 것과 같은 것이었다.

"학자가 아니라 폭력배의 두목이었군요?"

"두목이면서 신이었지. 본래 사모아의 장사꾼 므네사르코스의 자식이었으면서, 자기가 아폴론의 아들과 피타이스 사이에 태어난 아들이라고 선전했어. 자신을 이알리소스와 히아킨토스의 모조품으로 만들었던 거야."

"스스로 신이 되고 싶었군요?"

"때로는 자기가 악령과 대화를 한다고도 했지."

"만물의 근원을 수로 보았다면서요?"

"그게 잘못된 것이지. 인간보다 수를 앞세웠으니까."

"그래도 많은 업적이 있다고 하던데."

"업적은 무슨…… 그가 발표한 정리와 법칙은 모두 이미 있었거나 다른 학자들이 발견한 것이었어. 심지어는 자기 제자들이 연구한 것도 모두 자기 것처럼 자기 이름으로 발표했지. 정오각형의 작도법도 마찬가지야."

"별모양의 오각형요?"

노인은 고개를 끄덕였다. 정12면체를 만들려면 정오각형을 작도해야 하는데 피타고라스는 자신이 그것을 연구했다고 자랑하며 별 모양의 오각형을 비밀 교단의 휘장으로 삼았던 것이다.

"그게 본래 자기 제자 히파수스가 창안한 것이었어."

"그래서 그를 죽였나요?"

"무리수를 발견한 것이 결정적인 이유였지. 그들은 정수와 정수의 비로, 나타낼 수 있는 유리수로 모든 기하학적인 대상을 표현할 수 있다고 주장했는데 제자 중의 히파수스가 제곱근의 개념을 발견하면서 무리수가 나오게 되었던 거야."

"있는 것을 없게 하려고 히파수스를?"

"비밀을 지키기 위해 그를 물속에 던져서 죽였지."

"피타고라스가 크로토네에서 쫓겨난 것은 단지 그것 때문이었나요?"

노인이 고개를 저었다.

"그들의 탐욕 때문이었어."

"피타고라스의 비밀 교단은 금욕을 강요했다면서요?"

"무지한 백성은 금욕하라 하고 자기네는 금욕하지 않았거든. 시바리스와의 전쟁에서 노획한 물품을 자기네 비밀 교단에서 임의로 가져간 거야. 그래서 크로토네 시민들이 봉기하여 피타고라스 학교에 불을 지르고 그의 일당 38명을 살해했지."

"결국 노획품 때문에?"

"사실 평소에 그들의 소행이 악했기 때문이야. 그렇지 않았다면 노획품을 독점했다는 것 정도는 눈감아 줄 수도 있는 사안이었지."

결국 피타고라스가 크로토네에서 쫓겨난 것은 그가 20년 동안 크로토네에서 저지른 포악무도한 악행 때문이었다. 지식을 빙자해서 백성을 속였기 때문에 결국 백성들에게 쫓겨나 도주할 수밖에 없었던 것이다.

"혹시…… 지금으로부터 24년 전에"

마르코스가 노인의 안색을 살피며 한 가지를 더 물었다.

"저와 같은 내용을 여쭤보려고 이곳에 온 사람이 있었습니까?"

"같은 내용을?"

"네. 알렉산드리아의 이드란 상회에서 일하던 분인데요."

"이드란?"

"기억이 나십니까?"

"그 이름이 특이해서 기억하고 있지. 내 이름이 이드루마거든."

"그분이 와서 저와 똑같은 것을 물었습니까?"

"아…… 그가 피타고라스의 두루마리를 찾고 있었는데."

"혹시, 마술 비전이요?"

이드루마 노인은 크게 고개를 끄덕였다.

"맞았어. 마술 비전이라고 했지."

"그것을 찾았습니까?"

"못 찾았어. 다만 내 부친을 통해 들은 것을 그에게 말해 주었지. 전해내려오는 이야기로는 피타고라스가 여기서 도망칠 때 다른 두루마리들은 다 버린 채 그것 하나만 가지고 갔다는 것이었어."

피타고라스가 크로토네에서 떠나 도망친 곳이 바로 타렌툼이었다. 그의 부친 이드란도 크로토네를 거쳐 타렌툼으로 갔던 것이다. 이드루마 노인에게 인사를 하고 돌아서려다가 그는 한 가지를 더 물었다.

"혹시, 피타고라스 학교가 어디쯤 있었는지 아십니까?"

"언덕을 다 내려가서 오른쪽으로 돌면 쓰레기장이 있어. 거기 학교 터가 있지. 아마 돌멩이 몇 개가 남아 있을 거야."

"감사합니다."

그는 아크로폴리스를 내려가 노인이 말했던 쓰레기장을 찾았다. 과연 그가 말한 대로 학교의 주춧돌이나 기둥이었던 것 같은 돌멩이 몇 개가 쓰레기 더미 속에서 뒹굴고 있었다. 돌멩이의 여기저기에 피타고라스 비밀 교단의 휘장이었다는 별 모양의 오각형이 새겨져 있었다. 그리고 악취를 풍기며 날리는 쓰레기 외에는 그곳에서 아무것도 찾을 수가 없었다.

마르코스 요안네스

 타라스도 크로토네처럼 스파르타 사람들이 건설한 항구였다. 번영을 구가하며 자기네 도시를 지키는 일에는 직접 나서지 않고 용병을 사용했다. 그들이 용병으로 끌어들인 피로스가 전쟁에 능하고 용맹한 것이 오히려 로마 연합을 강화하는 데 기여하여 로마는 타라스를 점령했다. 로마는 이탈리아 반도를 통일했고 타라스는 로마식 이름 타렌툼으로 바뀌었다.
 "이곳에도 아크로폴리스가 있네요."
 "아폴론의 신전이 있겠지."
 "크로토네에서 쫓겨난 피타고라스를 다른 도시에서 받아 주었을까요?"
 "그런 화근을 받아 줄 까닭이 없었지. 카울로니아에서도 쫓겨나고 로크리에서도 거절당해 타라스로 가는 배를 탔다는 거야."
 "타라스는 어땠을까요?"
 "마찬가지였겠지."
 큰 기대는 하지 않았으나 일단 타렌툼에 배가 머무는 동안에 부두에 내려 알아볼만한 곳을 찾았다. 24년 전에 배에서 내린 아버지 이드란도 마르코스처럼 큰 기대를 하지 않았을 것이었다. 아버지를 생각하며 여기저기를 둘러보고 있는데 아리오크가 맞은편을 가리켰다.

"혹시 저런 곳이 아니었을까요?"

마르코스가 바라보니 고서점이 하나 있었다.

"넌 항상 나보다 빠르구나."

"낯선 곳에 가면 주변부터 먼저 살펴야 하니까요."

마르코스는 지식에 의지하려 했으나 아리오크는 본능을 따랐던 것이다. 아리오크가 상황을 파악하는 데 빨랐던 것은 본능이 지식보다 빠르기 때문이었다. 서점에 들어간 마르코스는 주인이 젊지 않은 것을 다행으로 여기며 물었다.

"혹시, 피타고라스의 두루마리가 있습니까?"

주인이 고개를 저었다.

"그런 것은 없소."

"피타고라스가 크로토네에서 도망칠 때 마술 비전을 가지고 갔다던데."

"그것으로 협상을 시도했었지."

"네?"

"그가 여기 왔을 때 세관에서 상륙을 거부하니까 그것을 보여 주면서 자기가 망명하도록 허용해 주면 그것을 주겠다고 했다더군."

"아……"

결국 피타고라스는 그것에 자기 목숨을 걸었던 것이다.

"그래서, 망명이 허락되었나요?"

"어림도 없지. 여기서 협상이 안 되니까 결국 메타폰툼으로 간 거야."

"아, 메타폰툼."

결국 아버지가 타렌툼에서 얻은 정보는 그 정도가 고작이었을 것이었다. 피타고라스의 마술 비전을 찾아다녔다면, 그것이 타렌툼에 없는 것은 확실했던 것이다. 그렇다면 아버지도 결국 메타폰툼까지 갔을 것이었다. 메타폰툼은 무리수를 발견했다고 억울하게 살해당한 히파수스가 태어난 곳이었다.

마르코스 요안네스

　메타폰툼의 본래 이름은 메타폰티온이었다. 어떤 속임수를 썼는지 메타폰티온에 잠입한 피타고라스는 오히려 더 큰 위험에 처했다. 크로토네에서 시작된 피타고라스 반대 시위가 메타폰티온에서 더 격렬하게 일어나고 있었다. 급히 조직된 메타폰티온의 자경대가 도시를 샅샅이 뒤지며 '벌레 잡기'에 동원되었다. 피타고라스의 부하들을 해충으로 여겼던 것이다.
　"이제 어디로 가지요?"
　아리오크의 질문에 마르코스가 대답했다.
　"뮤즈의 사원."
　그가 들은 바로는 피타고라스가 마지막으로 숨었던 곳이 뮤즈의 사원이었다고 했다. 헬라 신화에서 뮤즈는 제우스와 기억의 여신 므네모시네 사이에서 태어난 아홉 명의 딸들을 말하는 것이었다. 주로 음악과 춤, 시와 연극 등을 담당하는 이 여신들은 그들의 연출자 아폴론과 함께 올림포스의 연회를 주관했다. 뮤즈의 사원은 어디서나 성역이고 치외법권지역이었다.

"뮤즈의 사원에서 우리를 만나 줄까요?"

"부딪쳐 봐야지."

비록 출처는 헬라의 신화이나 뮤즈의 여신들은 로마인에게도 인기가 있었다. 로마사람들이 학문과 철학에는 별로 관심이 없으나 노래와 춤, 시와 연극은 좋아하기 때문이었다. 그래서 뮤즈 사원의 권위 역시 아직 유효했다.

"피타고라스는 왜 뮤즈의 사원으로 갔을까요?"

"그가 음악의 신으로 행세했거든."

"아, 그랬나요?'

"사람이 태어났을 때 하나님은 노래를 부르셨어. 음악은 사람이 태어날 때부터 받은 사랑의 선물이기 때문에 사탄은 그것을 빼앗고 싶어 했지."

"그래서 모든 신들이 음악을 요구하는군요."

"권력자와 악인들도 음악으로 사람을 지배하려 했지. 피타고라스는 음정이 수에 비례하는 것을 발견했다며 자신이 음악의 신인 것처럼 행세했는데 그것은 사실 페니키아 사람들이 악보를 만들 때부터 이미 알았던 거야."

페니키아인들의 악보는 기악을 위해 만들었고, 이오니아인들은 그것을 성악 쪽에도 활용했다. 아테네인들이 개척한 이오니아 지역의 학문이 발전하면서 아테네인들은 자신들도 이오니아 문화권에 포함시켜 이오니아인이라 자칭했다.

"페니키아인들은 바벨론에서 배웠구요."

창조 주가 사람에게 선물로 준 음악을 다른 신들에게 바치기 시작한 것이 바벨론 사람들이었다. 페니키아인들이 신전 음악에 악기의 수학적 구조와 조화를 적용하기 위해 악보를 적기 시작했고, 이오니아인들도 그 방법을 썼는데 피타고라스는 그것을 자기가 연구한 것처럼 발표했던 것이다.

"자, 저곳이 뮤즈의 사원이다."

그들은 아폴론 신전이 있는 언덕의 기슭에 자리잡은 뮤즈의 사원을 향해 다가갔다. 치외법권의 성역답게 담이 높았고 출입구는 굳게 닫혀 있었다.

"피타고라스는 어떻게 저 안으로 들어갔을까요?"

"어딘가 신호 장치가 있을 거야."

아리오크가 출입구 주변의 담을 유심히 살피더니 말했다.

"담을 쌓은 돌의 크기가 다른 것들이 있군요."

"다른 것이 5개로군."

"맞았어요. 바벨론의 5음계에요."

음악은 신전의 제사뿐 아니라 마술 공연에도 큰 역할을 했다. 아리오크는 바벨론의 마술사 다미스를 따라다니며 악기의 연주도 배웠던 것이다. 마르코스는 크기가 다른 돌들 중의 하나를 손으로 밀어보았다. 예상했던 대로 돌이 안쪽으로 밀려들어갔다. 그는 5개의 돌을 음계의 순서대로 밀었다.

"신호가 갔을까요?"

"안에 누군가 있다면 받았겠지."

과연 안에서 인기척이 들렸다. 발소리가 가까워지더니 출입문에 있는 작은 구멍 사이로 사람의 목소리가 흘러나왔다.

"누구십니까?"

"음악 서적과 시집들을 수집하는 상인입니다."

"그런데요?"

"뮤즈 사원과 거래를 할 수 있을까 하여."

"뭘 가지고 왔는데요?"

그가 두로에 들렀을 때 세관장에게서 들었던 말이 생각났다.

"고대 페니키아의 진귀한 악보에 관해서입니다."

아버지 이드란은 두로에서 피타고라스의 두루마리는 못 찾았으나 고대 페니키아의 악보 하나를 찾아냈다고 했던 것이다.

"물건을 가지고 왔습니까?"

"일단 문을 열어 주시면 들어가서 말씀을 드리겠습니다."

그러자 정말 삐거덕거리며 문이 열렸다. 500년 전에 피타고라스도 그런 식으로 뮤즈 사원에 들어갔을 것이고, 마르코스의 부친 이드란이 24년 전에 왔을 때에도 그렇게 해서 들어갔을 것 같았다.

"이리로 오십시오."

나이가 좀 들어보이는 여사제가 그들을 안내했다. 사원의 가장 뒤쪽으로 돌아간 여사제는 사제관의 마지막 방으로 들어갔다.

"칼리오페 사제장이십니다."

그것은 뮤즈의 아홉 여신 중 첫 번째 여신의 이름과 같았다.

"저는 이드란 상회의 대표 마르코스입니다."

"이드란?"

"상회의 전대표인 이드란이 저의 부친입니다. 부친은 24년 전에 이곳에 와서 고대 페니키아의 진귀한 악보를 납품한 일이 있습니다."

"기억이 나는군. 당신이 그의 아들이라고?"

"네, 부친은 이곳을 다녀간 지 얼마 안 되어 돌아가셨습니다."

"유감이로군."

"앞으로도 사제장께서 원하시는 서적들이 있다면 찾아드리겠습니다."

"부친을 애도하는 뜻으로, 좋은 관계를 가져야겠군."

일단 사제장의 호감을 얻어 놓고 그가 물었다.

"저의 부친이 여기 와서 페니키아의 악보를 제공한 것 외에도 피타고라스의 두루마리를 구한 것으로 압니다만."

"그랬었지."

"이 사원에서는 그 두루마리를 어떻게 구했습니까?"

"피타고라스가 자위대를 피해 여기 와서 그 두루마리를 줄 테니 숨겨달라고 간청했지. 당시의 사제장께서는 마술이 뮤즈의 분야가 아니므로 그것이 필요 없으나 일단 그것을 받고 숨겨 주겠다고 하셨어. 그러나,"

"그러나?"

"쓸모없는 두루마리 하나로 너의 죄를 다 갚을 수는 없다. 음악은 사람을 행복하게 하는 것인데 너는 음악으로 사람을 학대했으므로, 두루마리를 받고 숨겨 주기는 하겠으나 먹을 것은 주지 않겠다고 하셨지."

"그래서 어떻게 되었습니까?"

"피타고라스는 크레타 섬에 숨겨져 있는 두로 왕 히람의 마법 비술을 찾아다 주겠다고 간청했으나 사제장께서는 들어 주시지 않았어. 그는 결국 이곳의 후원에서 벌레를 잡아먹으며 연명하다가 굶어 죽었지."

　윤회설을 주장하며 채식과 금욕을 강요하던 그가 결국 벌레를 먹다가 히파수스의 고향인 메타폰티온에서 벌레처럼 죽었던 것이다.

　"그의 시신은요?"

　"오랜 시간이 지난 후에 사제들이 후원에 가서 그를 찾아보니 오히려 벌레들이 이미 그를 다 파먹고 뼈만 남아서 쓰레기통에 버렸다더군."

　그는 다시 궁금하던 것을 물었다.

　"그러면 저의 부친은 그 마술 비전을 얻었습니까?"

　"페니키아 악보와 바꿔갔지."

　그것으로 궁금한 것은 다 밝혀진 셈이었다. 마르코스가 친절하게 대해준 것에 감사하고 좋은 서적을 구하면 연락할 것을 약속했다. 그는 사제장에게 인사를 하고 돌아서 나오려다가 한 가지를 더 물었다.

　"그런데, 저의 부친은 왜 마술 비전을 구하려 했을까요?"

　칼리오페 사제장이 대답했다.

　"그것으로 마술사들의 속임수를 다 벗겨내겠다고 말했어. 그래서 당시의 사제장께서 그것을 선뜻 내어 주셨다고 하더군."

141
마르코스 요안네스

이오니아 해를 항해하던 배는 곰의 발바닥 같은 펠로폰네소스 반도의 남쪽을 지나 크레타 섬으로 들어가고 있었다. 아버지 이드란의 마지막 항로는 크레타 섬을 거쳐 알렉산드리아로 귀환하는 것이었다. 마르코스도 크레타 섬만 거치면 아버지의 마지막 항로를 아테네만 빼고 다 더듬어보는 셈이었다.

"드디어 크레타에 왔구나."

배가 크레타 섬의 헤라클리온 항으로 들어가고 있었다. 헬라의 신화는 에게 해를 향해 악어처럼 누워 있는 크레타 섬에서 비롯된 것이고, 그것은 페니키아 사람들이 심어 놓은 것이었다. 페니키아, 즉 두로 사람들은 하나님을 버리고 자신들이 바다의 신 포세이돈의 자손이라고 자처했다.

"제우스가 크레타 섬에서 자랐다지요?"

크로노스가 갓 태어난 아들 제우스를 삼키려 하자 모친 레아는 그를 빼내어 크레타 섬의 이데 산으로 보냈다는 것이었다.

"헬라 신화가 크레타에서 나왔음을 말해 주는 거야."

"결국 페니키아인이 헬라를 키웠군요."

"그들이 크레타 섬에서 하나님께 도전하는 음모를 꾸몄거든."

"포세이돈의 자식이 되었다죠?"

바다의 신 포세이돈은 에파포스의 딸 리비아에게서 아게노르와 벨로스 쌍둥이 형제를 낳았다. 제우스는 페니키아 왕이 된 아게노르의 딸 에우로페를 크레타로 납치하여 미노스를 낳았다. 미노스는 크레타 왕이 되고 그 아내 파시파에는 황소와 정을 통해 황소의 머리와 인간의 몸을 가진 미노타우로스를 낳았다. 황소는 페니키아의 주신(主神) 바알의 상징이었다.

"선지자 에스겔이 그 사실을 밝혀 놓았지."

아리오크도 두로 왕에 대한 에스겔의 글을 알고 있었다.

"네 마음이 교만하여 말하기를 나는 신이라, 내가 하나님의 자리 곧 바다 중심에 앉았다 하도다."

바다 중심이란 곧 크레타 섬을 뜻하는 것이었다. 크레타에 숨어서 그들은 마음대로 신들을 만들고 신화를 꾸며냈던 것이다.

"그들의 거짓말이 바다를 건너 미케네로 들어간 거야."

아게노르와 쌍둥이로 태어난 벨로스는 나일 강의 요정 안키노에와 결혼하여 애굽토스와 다나오스를 낳았다. 제우스는 다나오스의 딸 다나에와 관계하여 페르세우스를 낳았고, 페르세우스는 펠로폰네소스 반도의 아르고스 지역에 미케네를 건설했다. 미케네는 미노스 왕국의 복사판이었다.

"혹시…… 미케네 왕국이 미노스 왕국을 침공했던 것은 아닐까요?"

"아니야."

마르코스가 고개를 저었다.

"지금으로부터 1천 5백년 전에 티라 섬이 폭발했거든."

키클라데스의 섬들 중 가장 남쪽에 있는 티라 섬은 미노스 왕국이 공들여 가꿔 놓은 섬이었다. 그 섬이 대폭발을 하는 바람에 크레타 섬에는 지진이 일어나고 해일까지 덮쳐 미노스의 궁전과 헤라클레온 항구를 다 파괴해 버렸다.

"1천 5백년 전이라면"

아리오크가 눈을 깜빡거리며 말했다.

"이스라엘 자손이 가나안 땅으로 진입하던 때인데요."

마르코스는 그의 다시 한 번 아리오크의 총명함에 놀랐다.

"그렇구나. 가나안에 대한 하나님의 징계는 가나안 땅과 크레타 섬에서 동시에 일어났던 거야."

"그러나 미노스의 왕궁이 다시 복원되었다죠?"

"그것이 바로 페니키아 사람들이 만들어낸 페닉스라는 새, 즉 불사조의 정신이라는 것이었지. 가나안의 모든 땅이 이스라엘 군대에 점령당하고 있을 때 페니키아의 상인들은 크레타를 복구할 자금을 마련하기 위해 헬라 연합군과 트로이 사이를 이간시켜서 전쟁을 일으켰어."

그 전쟁의 배후에 페니키아의 장사꾼들이 있었다는 것은 전쟁의 원인을 제공한 트로이 왕자 파리스가 크레타 섬의 이데 산에서 양을 치고 있었다는 이야기로 남아 있었다. 그가 이데 산에서 세 여신의 미모를 채점했던 것이다.

"돈을 벌기 위해서요?"

"지진과 해일로 파괴된 미노스의 크노소스 왕궁과 헤라클리온 항구를 재건하기 위해서 돈이 필요했던 것이지."

트로이 전쟁이 일어난 것은 티라 섬의 대폭발이 있은 지 2백 년 후였다.

"그래서 다시 복구가 되었나요?"

"트로이의 10년 전쟁으로 큰돈을 번 페니키아 사람들은 크레타 섬의 헤라클리온 항구와 미노스의 크노소스 궁전을 복구하기 시작했지. 그러나 다시 200년이 지나자 본국 쪽의 사정이 더 다급해졌어."

"다윗 왕 때문에요?"

"그렇지. 지금으로부터 1천 1백 년 전에 다윗이 페니키아 지역을 제외한 가나안의 모든 땅을 다 점령하고 예루살렘에서 왕이 되었거든."

"두로 왕 히람이 사절단을 보냈다지요?"

"다급해진 두로 왕 히람은 많은 기술자와 건축 자재를 다윗에게 보내 예루살렘에 왕궁을 건축해 주겠다고 제의한 거야."

"다윗이 왜 그것을 거절하지 않고 수락했을까요?"

"하나님이 주시는 선물로 착각했던 거야."

"저런."

"두로 왕은 일단 그렇게 다윗을 달래 놓고 헤라클리온과 크노소스를 다 복구한 다음에 카르타고와 스파니아까지 진출하여 영역을 더 넓혀 놓았지. 그러는 동안 다윗의 아들 솔로몬은 가나안 신들에 빠졌고, 이스라엘은 둘로 갈라졌어."

"두로의 계략이 성공했군요."

"이스라엘이 갈라진 지 70년 후에 두로 왕 엣바알은 그의 딸

이세벨을 북왕국의 아합 왕에게 시집보냈고, 그 이세벨의 딸 아달랴를 남왕국 여호사밧 왕의 며느리로 들여보내 그들을 안에서부터 허물기 시작했지."

"바로 그 때쯤인 것 같아요."

"무엇이?"

"아테네 사람들이 이오니아 지역으로 진출하고 스파르타 사람들이 수라쿠사, 크로토네, 타라스와 메타폰티온 등에 식민지를 경영한 때가요."

"정말 그렇구나."

바벨론 출신답게 아리오크는 세상을 넓게 보는 안목이 있었다.

"그러면 복구된 크노소스 궁전은 지금 남아 있겠군요."

마르코스는 다시 고개를 저었다.

"150년 전에 큰 화재로 다 불타버리고 일부만 남아 있어."

아리오크가 한숨을 쉬었다.

"궁전은 불타서 없어졌지만 페니키아 사람들이 이 섬에서 몰래 시작한 불장난은 결국 앞으로 세계를 다 불태울 것 같군요."

마르코스는 다시 놀라며 그렇게 중얼거리는 아리오크를 바라보았다.

"아리오크, 너는 마치 선지자처럼 말하는구나."

그들을 태운 배는 천천히 헤라클리온 항구로 들어서고 있었다.

마르코스 요안네스

　배에서 내린 마르코스와 아리오크는 우선 미노스 왕의 궁전이 있는 크노소스로 향했다. 항구에서 한동안을 걸어 들어가자 언덕 위에 미노스의 궁전이 보였다. 불에 타서 주랑의 기둥들과 건물의 일부가 남아 있었으나 그 규모가 대단했었다는 것을 알 수 있었다. 지중해 연안 각국에서 들어오는 사절들과 상인들과 공물을 가지고 올라가는 높은 계단들이 보였다.
　"궁전의 이름이 라비린토스였다지요?"
　라비린토스는 '미궁'이라는 뜻이었다. 한번 들어가면 나올 수 없는 그 미궁에 괴물 미노타우로스가 있었는데 미노스 왕은 아테네를 공격하여 매년 7명의 소년과 7명의 소녀를 괴물에게 제물로 바치게 했다. 제물로 뽑혀온 테세우스에게 반한 미노스의 딸 아리아드네가 빠져나오는 법을 가르쳐 주었다.
　"아리오크, 넌 어떻게 빠져나올 수 있는지 알겠어?"
　"테세우스가 탈출한 이야기를 들었어요. 입구에 실 끝을 매 놓고 실 뭉치를 풀면서 들어갔다가 실을 따라 나왔다더군요."

테세우스는 제물로 뽑혀 온 일행을 남겨둔 채 혼자 들어가서 미노타우로스를 죽이고 미궁을 탈출했다는 것이었다. 그는 나중에 아티카의 왕이 되었다.

"잔해만으로도 궁전이 얼마나 복잡했는지 알겠군요."

주랑 외에는 밀폐형으로 건축된 거대한 궁전이 남은 흔적으로만 보아도 지하 2층에 지상 5층 정도가 되는 것 같았다. 궁전과 주랑의 벽과 공간마다 황소의 머리와 금색 뿔로 장식이 되어 있었고, 빽빽이 들어찬 방들의 수는 어림잡아 1천 5백 개가 넘는 것 같았다.

"과연 미궁이라고 할 만하군."

중앙 광장의 서쪽에 건물의 일부가 남아 있는 삼부신전과 사제관이 보였다. 삼부신전 안에는 크루파스의 벽화가 있었다. 머리는 독수리이고 몸은 사자이며 꼬리는 뱀인 동물로, 지하와 지상과 하늘을 의미하는 윤회설의 상징이었다. 마르코스는 신전의 안팎을 유심히 살폈다.

"히람의 마법 비술을 찾는 건가요?"

"크레타 섬에 숨겼다면 두 군데가 제일 유력하지."

"두 군데요?"

"미노스의 궁전과 이데 산."

"그렇겠군요."

신전에서도, 사제관에서도 그리고 왕궁 자리에서도 비술의 두루마리를 숨겨둘 만한 곳은 발견되지 않았다.

"어쩔 수 없이 이데 산까지 가봐야겠군."

나사렛 예수가 세 명의 제자와 함께 올라갔다는 헬몬 산에는 조금 못 미쳐도 이데 산 역시 꽤 높은 산이었다. 마르코스와 아리오크는 비상식량과 조명등을 준비해 둘러메고 크노소스에서 남쪽을 향해 걷다가 다시 서쪽으로 방향을 틀어 하룻길을 걸었다. 산기슭의 한 마을에서 밤을 보내고 감람나무 사이로 한참을 들어가다 보니 비탈이 가팔라지기 시작했다.

"의외로 바위가 꽤 많은 산이네요."

숲을 벗어나면서 아리오크가 말했다.

"페니키아 사람들이 밀교 의식을 행하던 요새가 있을 거야."

"디오니소스나 올페우스?"

헬라 신화에서 디오니소스는 겨울에 죽었다가 봄에 살아나는 포도의 신이고, 뮤즈 칼리오페의 아들인 올페우스는 죽은 아내를 찾아 저승에 다녀온 시인이었다. 그들은 모두 윤회설의 소재로 사용되었던 것이다.

"그 원조는 담무스지."

"이쉬타르의 남편 말인가요?"

사랑의 여신 아스다롯을 바벨론에서는 이쉬타르라고 했다. 그녀가 죽은 남편을 위해 애곡하다가 저승으로 내려가는 것이 밀교의 의식으로 행해졌다. 헬라 신화에서 연인 아도니스의 죽음에 애통하는 아프로디테나 애굽에서 남편 오시리스의 죽음을 슬퍼하는 이시스의 애곡과도 같은 유형이었다. 담무스가 다시 살아서 지상으로 돌아오는 것이 봄의 소생이었다.

"그 밀교 의식이 피타고라스에게까지 이어진 거야."

높이 올라갈수록 바위가 많이 드러나고 있었다. 페니키아 사람들이 통곡하며 춤추던 자리나 제우스가 자라났다는 동굴 같은 것이 있을 만 했다.

"아빠, 동굴이 있기는 있는데……"

숨을 몰아쉬며 아리오크가 걸음을 멈추었다.

"한 둘이 아니네요."

과연 이데 산의 바위는 구멍투성이였다. 그것들을 다 뒤지다가는 이데 산에서 평생을 보내야 할 판이었다.

"정말 히람의 두루마리가 아직 있을까요?"

"없을 수도 있지."

마술사 시몬의 여자 헬레네를 만났을 때가 생각났다. 시몬이 피타고라스의 마술 비전을 은밀한 곳에 숨겨 두었다고 했던 것이다.

"크레타……"

헬레네는 거기까지 말하다가 입을 다물었던 것이다.

"왜 중요한 것을 자신이 보관하지 않고 크레타 섬에 숨겨 두었을까?"

아리오크가 그를 바라보았다.

"뭐라구요?"

"마술사 시몬이 마술 비전을 크레타 섬에 숨겨 놓았다는 구나."

"누가 그러던가요?"

"시몬의 여자 헬레네가."

"그것은 누군가를 유인하려는 것이 아닐까요?"

그렇게 말하던 아리오크가 갑자기 눈앞의 큰 바위를 가리켰다. 큰 바위 산의 한 가운데 입을 벌린 해골처럼 큰 구멍이 보였다. 어쩐지 그리로 들어가면 큰 동굴이 있을 것 같았다.

"거기는 아닐 것 같군."

"네?"

"레아가 어린 제우스를 숨기거나, 히람의 두루마리를 감춘 장소라면 누구나 알아볼 수 있는 곳은 아닐 거야."

"주님의 말씀처럼 좁은 문으로 들어가야 할까요?"

마르코스는 뮤즈의 사원을 들어갈 때의 신호를 생각했다.

"바벨론의 5음계."

"저 수많은 구멍들 가운데서 5음계를 찾자구요?"

"헬라 문자는 페니키아 문자를 모방한 것이고, 크레타 문자 역시 페니키아 문자와 유사한 거야. 바벨론과 페니키아의 5음계는 알파, 베타, 감마, 델타, 엡실론에서 제타나 오메가로 더 진행하지 않고 알파로 돌아가거든."

"그럼 별 모양의 5각형을 찾자구요?"

"크레타어의 첫 5문자는……"

마르코스는 석회석 조각으로 암반 위에 크레타 문자들을 적어 나갔다.

∧ ⊠ ⊐ ⊗ 王

그것을 들여다보고 있던 아리오크가 말했다.

"찾았어요."

"벌써?"

아리오크가 가리키는 손가락을 따라가 보니 암벽에 뚫려 있는 여러 개의 구멍들 중에 과연 ⊠자 모양으로 뚫려 있는 것이 보였다.

"저기도 있어요."

아리오크의 재빠른 도형 찾기는 계속되었다. ∧ 도 찾고 ㄱ와 王도 찾았는데 ⊗가 보이지 않았다.

"하나가 안 보이는데요."

마르코스가 암벽을 뚫어질 듯 바라보다가 말했다.

"아리오크, 내 눈에는 보이는데?"

마르코스가 맨 아래쪽에 있는 원형의 구멍을 가리켰다. 자세히 보니 ○ 모양의 입구를 누군가 X형으로 엮은 나무로 막아 놓았다. 찾아낸 5개의 문자들을 다 연결해 보니 거꾸로 된 별 모양의 5각형이 되었고, 그 점들의 한 가운데 바로 선 정5각형의 구멍이 있었다.

"바로 저것이야."

그들은 암벽을 두르고 있는 실낱 같은 소로를 따라 오르기 시작했다.

"다른 구멍들도 사람들이 다니기는 다녔나 봐요."

거의 모든 구멍이 그 실낱 같은 좁은 길로 그물처럼 연결되어 있었던 것이다.

"신들이 워낙 많으니까."

그들은 거의 한나절을 걸려서 마침내 5각형의 구멍에 도착했다. 사람 하나가 겨우 기어들어갈 수 있는 작은 구멍이었다. 몸을 작게 접으며 입구에 들어서서 조명등을 켰다. 바위 속의 통로는 차츰 넓어지기 시작했다. 계속 들어가자 마침내 수백 명이 모여 집회할 수 있을만한 큰 공간이 나왔다.

"비밀 집회를 하던 곳이로군요."

집회소로 들어오는 통로는 사방에 있었다. 집회소의 사면은 뿔이 달린 황소의 두개골과 사람의 해골들로 장식되어 있었다. 밀교의 신에게 제물로 바쳐진 사람과 소의 유골들이었다.

"황소는 바알 신의 상징이라는데 그들은 왜 소를 잡았을까요?"

"밀교에서는 소가 소를 먹고 사람이 사람을 먹는 거야."

"그래서 유대인들이 성찬을 비난했군요."

크리스티아누스들은 예수의 마지막 식사 때 떡을 나누며 내 살이라 하고, 포도주를 돌리며 내 피라고 했다. 크리스티아누스들은 모일 때마다 떡을 나누고 포도주를 돌려 그 일을 기념했는데 유대인들이 그것을 비난했던 것이다.

"크리스티아누스들이 사람의 살과 피를 먹으니 이는 이교도의 밀교 의식과 같은 것이라고 모함을 했던 거야."

신단에는 돌로 조각한 나체의 여신이 앉아 있었고, 그 양쪽에는 사람의 머리통 하나가 들어갈 만한 구멍이 보였다. 그 구멍 앞에는 양손에 구리 뱀을 든 여신상이 마치 구멍을 지키듯 버티고 서 있었다. 마르코스가 등불을 치켜들고 구멍 안을 들여다보다가 흠칫 놀라며 뒤로 물러섰다.

"왜 그래요?"

"구멍 안에 뱀이 있어."

"뱀만 있어요?"

"그리고 두루마리 같은 게 있는 것 같은데."

양쪽 구멍을 살펴보니 한 쪽에만 두루마리가 있었고 또 하나는 비어 있었다. 비어 있는 쪽은 피타고라스의 마술 비전이 있던 곳이고, 남아 있는 쪽이 히람의 마법 비술인 것 같았다. 마르코스는 뱀을 들고 있는 여신의 손목을 꺾어서 잘라냈다. 그리고 조각한 뱀의 머리를 구멍 안으로 밀어 넣었다.

"숨어 있지 말고 나오거라!"

그러자 정말 구멍 속에 있던 뱀의 머리가 구리 뱀을 따라 스스로 나오기 시작했다. 뱀을 유인해낸 마르코스는 구리 뱀의 머리로 산 뱀의 머리를 후려쳤다. 몇 차례 얻어맞은 뱀이 더 이상 움직이지 않자, 그는 구멍 안으로 손을 넣어 그 안에 있던 두루마리를 꺼냈다. 두루마리에는 제목이 없었다.

"히람의 마법이라……"

그가 막 두루마리의 봉인을 떼려고 할 때 갑자기 아리오크의 말이 생각났다. 책을 이곳에 감춰 둔 것은 사람을 유인하려는 것일 수도 있다고 말했던 것이다. 그것이 생각났을 때 갑자기 누군가가 소리쳤다.

"그 책에 손대지 마라!"

사방으로 뚫린 통로에서 검은 복면을 한 사람들이 나왔다.

"너희들은 뭐냐?"

"우리는 히람의 전사들이다."

그들을 중 하나가 칼을 빼들고 마르코스를 향해 공격해 들어왔다. 그러자 어둠 속에서 나온 모든 자들이 일제히 칼을 뽑아 들었다. 얼핏 보아 상대방이 열 명 정도는 되는 것 같았다.

"아직도 그런 것이 남아 있느냐?"

"아스다롯 여신께 오랫동안 제물을 바치지 못했다. 오늘 너희

둘을 잡아 잘 구워서 여신께 바쳐야겠다."

마르코스와 아리오크는 서로를 쳐다보았다. 마르코스가 유대 격술로 어느 정도는 상대할 수 있었으나, 열 명의 폭력배들과 맞선다는 것은 아무래도 무리일 것 같았다. 마르코스는 일단 다리에 차고 있던 단검을 뽑아들었다. 적의 칼들이 뱀처럼 소리를 내며 그를 향해 일제히 달려들었다.

"아리오크, 조심해라!"

혼자서 그들을 상대하는 것도 벅찬데, 아리오크를 보호해야 하니 신경이 쓰일 수밖에 없었다. 그러나 아리오크도 만만치는 않았다. 땅에 떨어져 있던 여신의 구리 뱀을 집어 적의 칼을 막아내고 있었던 것이다. 마르코스와 아리오크가 힘겹게 적의 칼들을 막아내고 있을 때였다.

"모두들 멈춰!"

흰 복면을 한 젊은이가 그렇게 고함쳤다. 마르코스와 아리오크가 들어왔던 통로 쪽에 서 있는 그는 자루가 긴 양날 도끼를 들고 서 있었다. 황금빛의 양날 도끼는 왕인 동시에 신관장인 미노스 왕의 신표였다.

"메난더."

흰 복면의 젊은이는 검은 복면들의 두목을 아는 것 같았다.

"메난더라고……?"

어디선가 그 이름을 들은 것 같았다. 그리고 생각이 났다. 전에 셀류기아로 가는 배에서 마술사 시몬이 그의 제자 메난더가 안티오키아에 있다고 말했던 것이다. 흰 복면의 젊은이가 다시 큰 음성으로 말했다.

"멈추지 않으면 미노스의 도끼가 네 머리를 부술 것이다."

마르코스가 보니 젊은이뿐만 아니라 그 통로에서 흰 복면을 한 무사들이 계속 들어오고 있었다. 삽시간에 동굴 안이 흰 복면으로 가득했다. 그들의 수는 검은 복면을 한 메난더의 패들보다 훨씬 많았다.

"그냥 물러갈 수는 없지."

메난더라고 불리운 자가 미노스의 양날 도끼를 든 젊은이에게 칼을 휘두르며 덤벼들었다. 메난더의 칼바람도 매서웠으나 흰 복면의 젊은이가 휘두르는 양날 도끼의 빈틈을 찾지 못했다.

"으윽……"

메난더가 오른손의 칼을 떨어뜨리며 왼쪽 어깨를 감쌌다. 그의 어깨에서 피가 흘렀다. 양날 도끼의 젊은이가 그들에게 말했다.

"이 사람과 우리가 다 나갈 때까지 꼼짝 말고 여기 있어라."

마르코스 요안네스

헤라클리온 부두 가까운 한 식당에서 마르코스는 자신과 아리오크를 구출해 준 젊은이와 마주 앉아 있었다. 이데 산을 내려오자마자 젊은이가 준비해 두었던 말에 올라 달려오느라고 그와는 제대로 인사도 나누지 못했었다.

"저는 마르코스라고 합니다만."

"알고 있습니다."

"네?"

젊은이가 복면을 벗었는데도 누구인지 알 수가 없었다.

"제가 본래 안티오키아 태생입니다."

"아……"

"이름은 티토스라고 합니다."

이름을 들어도 기억나는 바가 없었다.

"저는 본래 안티오키아의 헬라인 마술사 조직에 속해 있었습니다. 11년 전 헬라파 곡마단과 유대파 곡마단이 전쟁을 할 때 마술사 시몬과 메난더는 유대파 쪽의 주동자였고 저는 헬라파 곡마단 쪽에서 싸웠지요."

"그래서 메난더를 알고 있었군요."

"곡마단 전쟁이 로마군에 의해 진압된 후에 총독궁의 보안대에 끌려다니면서 당시 총독 직속의 보안대 요원이던 율리아 아가씨 그리고 크라투스, 막시무스 등과도 안면을 익히게 되었구요."

"아, 그랬나요?"

"그러던 중 율리아 아가씨의 권고로 교회에 나가 당시 사울 선생님의 말씀을 듣게되었던 것입니다. 그리고 곧 마술사 일을 다 청산하고 세례를 받아 크리스티아누스가 되었습니다."

"내가 전혀 본 기억이 없는데?"

"제 성격이 좀 급해서, 세례를 받자마자 여러 지방으로 돌아다니며 전도를 했거든요. 이태 전에 안티오키아로 돌아왔는데 마침 선생님께서 할례 문제 때문에 예루살렘으로 가신다기에 저도 예루살렘까지 따라갔었지요."

"그래서 내가 못 보았군요."

"실은 선생님께서 두 번째 전도 여행을 떠나실 때 제가 실라님, 루카스님과 함께 동행했었습니다. 그리고 선생님보다 제가 먼저 마케도니아로 건너갔는데 선생님이 뒤따라 오시더라구요. 지금은 코린도스에 계시지요."

"그런데 크레타에는 어떻게 오셨습니까?"

"전도하러 왔지요. 크레타 섬에 교회를 세울 생각입니다. 선생님께서 여기는 어려운 곳이라고 만류하셨는데 제가 그냥 왔지요. 크레타는 가나안 사람들이 들어와 가짜 신들을 만들어낸 죄악의 시발점이거든요. 주님께서 세례를 받자마자 사탄과 싸우셨

듯이 전도는 여기서 시작되어야 합니다."

마르코스가 감탄하며 말했다.

"대단하신 열정입니다."

"저는 어렸을 때부터 난폭한 자들과 어울려 살아서 그런지 성격이 좀 화끈한 편이거든요. 오늘 이데 산에 함께 갔던 녀석들도 모두 헬라파 곡마단에서 제가 데리고 있던 자들입니다. 제가 막 윽박질러서 세례를 받게 했지요. 저들과 함께 크레타 교회를 세우려고 함께 왔구요."

"놀라운 일이네요."

"그래서 저들과 함께 크레타 행 배를 탔는데 승객 중에 메난더가 있고 그의 일행이 꽤 많더라구요."

"그래서요?"

"은밀하게 알아보니 그들이 크레타 섬의 이데 산에서 누군가를 죽이려고 계획 중이었습니다. 그 대상이 바로 마르코스님이었던 것입니다."

마르코스가 크레타로 갈 것을 짐작할 수 있는 사람은 메타폰티온 뮤즈 사원의 칼리오페 사제장과 마술사 시몬의 여자 헬레네뿐이었다. 그렇다면 시몬이 헬레네를 통해 그런 말을 흘려 놓고 마르코스가 그물에 걸려들기를 기다리고 있었음에 틀림없었다. 그렇다고 해도 마르코스가 찾아올 시기까지 안 것을 보면 시몬과 메난더의 정보력은 대단했다.

"하마터면 이데 산에서 뼈를 묻을 뻔 했군요."

"주님께서 필요로 하는 분은 무슨 방법으로든 철저히 보호하시는 겁니다."

"내가 그렇게 중요한 인물은 아닌데요."

"선생님께서 늘 마르코스님을 칭찬하시던데요."

"섭섭하게 생각하시지는 않구요?"

그는 4년 전 페르게에서 산중으로 들어가는 파울루스와 외삼촌을 떠나 예루살렘으로 돌아갔던 일을 생각하며 반문했다.

"아뇨, 마르코스님처럼 뒤에서 지원해 주시는 분들이 계시기 때문에 우리가 마음 놓고 주님의 일을 열심히 할 수 있다는 말씀을 하셨습니다."

"선생님은 건강하신가요?"

"실라님과 티모데오스가 코린도스에 내려왔고, 새로 부임한 폴리오 총독도 관대한 사람이어서 형편이 매우 좋아지셨지요."

식사가 끝나고 나서 마르코스는 생각난 듯 이데 산에서 가져온 두루마리를 펼쳐 보았다. 예상했던 대로 거기엔 아무런 글자도 적혀 있지 않았다. 마술사 시몬이 메난더를 시켜서 죽일 대상을 유인하기 위해 사용한 미끼라면 거기 무슨 글자가 적혀 있을 까닭이 없었다.

"역시 그냥 미끼였군."

티토스가 물었다.

"아무런 글자도 없습니까?"

"있을 까닭이 없지요."

"그러나 버리지는 말고 가져가십시오. 마술사들은 흔히 약품을 사용하여 남들이 볼 수 없는 글자를 써 놓고, 자기네들끼리만 아는 약품을 칠해서 글자가 나타나도록 되어 있는 비밀 통신 방법을 쓰거든요."

마르코스 요안네스

　오래간만에 알렉산드리아의 본점으로 돌아온 마르코스는 그 동안 밀려 있던 많은 일들 속에 파묻혀야 했다. 그의 책상에는 직접 살펴보고 결정해야 할 안건들이 산더미처럼 쌓여 있었다.
　"아레스, 너 신혼 재미에 빠져서 일은 하나도 안했구나."
　그 말에 다브네스가 나서며 대답했다.
　"그렇지 않다는 증거가 있어요."
　"증거라니?"
　"아레스가 너무 바빠서 우리에게 아직 아기가 안 생겼거든요."
　"남편이 바쁜 게 아기와 무슨 상관이야?"
　"여자 혼자서 아기를 낳나요?"
　그러자 아레스가 웃음을 터뜨리며 말했다.
　"다브네스, 대표님은 아직 총각이라 그런 걸 잘 모르시거든."
　듣고 있던 아리오크가 마르코스를 구해 주었다.
　"남자 없이도 아기를 낳을 수 있는데요."

다브네스가 아리오크를 쥐어박았다.

"네가 뭘 안다고?"

"주님의 모친께서는 남자 없이도 아기를 낳으셨거든요."

네페르티티를 닮은 다브네스의 상큼한 목이 빨개지고 있었다. 마르코스가 웃음을 삼키며 책상 위의 서류들을 뒤적거리다가 말했다.

"자, 급한 것부터 말해 봐."

"곡물 거래소 문제예요."

"왜?"

"베가 어른께서 이제 너무 나이가 들어 더 이상 곡물 거래소를 운영하기 어렵다며 이드란 상회에서 인수해 달라고 하셨어요."

"그렇게 하지."

곡물 거래소는 일종의 중개업이므로 많은 자금이 필요하지 않았다.

"인력은 어떻게 하구요?"

"베가 어른이 데리고 있던 인력을 그대로 인수해."

"책임자는요?"

마르코스가 다브네스를 바라보며 물었다.

"아버님은 전에 하시던 그 일을 아직도 하고 계셔?"

그가 다브네스의 부친 아니아노스를 처음 만난 것은 신발 가게였다.

"네."

"그만 하시고 곡물거래소를 맡으시라고 해."

"무슨 말씀이세요?"

"손님의 발에 신을 맞추어 주는 것이나 고객의 사정에 맞는 거래를 알선해 주는 것은 모두 똑같은 일이야. 아, 그리고…… 곡물 거래소에서 일하던 헬모게네스는 지금 어디 있어?"

그러자 한 젊은이가 앞으로 나섰다.

"여기 있습니다, 대표님."

마르코스가 처음 곡물 거래소를 방문했을 때에는 어린 소년이었던 헬모게네스가 어느새 준수한 젊은이로 성장해 있었다.

"너는 곧 베네토로 출발해라. 앞으로 게르마니아 지역과 아킬레아 쪽의 곡물은 베네토에서 선적할 테니까, 가서 그쪽의 상황을 빨리 파악하도록."

"알겠습니다."

"그리고 네 이름은 이제 엘마고라스로 바꿔라."

"네?"

"이탈리아에서 일하려면 그 이름이 더 좋을 거야."

마르코스는 다시 다브네스를 바라보았다.

"자, 우리는 이제부터 자금 문제를 검토해 보기로 하자."

다브네스가 대답했다.

"곡물 거래소를 인수하는 데는 그렇게 큰 자금이 들어가지 않을 텐데요."

"아니야, 배를 만들어야 하거든."

"네?"

아레스도 깜짝 놀라며 그에게 물었다.

"아저씨, 우리 선박을 건조한다는 말씀입니까?"

마르코스 요안네스

 마르코스는 결국 알렉산드리아에서 해를 넘겼다. 다브네스는 선박 건조를 위한 자금 조달 문제로 뛰어다녔고, 아레스는 새로 개설한 바벨론과 트로아스와 마실리아의 지점에 교역량을 분배하고 대리점 계약을 한 밀레토스, 페르가몬, 필립포이 등과 연락하며 거래 규모를 조정했다. 그러는 동안에도 마르코스는 베가 노인을 여러 번 찾아가 만나고 자문을 구했다.
 "베네토에 새 항구를 건설하면 도움이 될까요?"
 "자네 부친의 소망이 바로 그것이었어. 동과 서의 교역을 하나로 엮어 세계를 한 가족으로 만드는 것이 이드란의 꿈이었거든."
 "어르신께서 더 도와 주셔야 하는데."
 "이드란의 아들이 이만큼 컸으니 이제 빨리 넘겨주는 것이 내 사명이야."
 "그러나 어르신은 이드란 상회의 영원한 고문이십니다."
 "영원한 친구라고 해 두게나."

"아니아노스님이 곡물 거래소를 잘 해낼 수 있을까요?"
"그는 다브네스 같은 딸을 길러낸 유능한 사람이야."
새해 인사를 위해 베가 노인을 만나고 돌아온 날, 부두에 나갔다가 뛰어 들어온 아레스가 큰 소리로 그를 불렀다.
"아니, 아저씨. 이럴 수가 있습니까?"
"왜?"
"예루살렘에서 연락이 왔습니다."
"무슨 연락이?"
"로데 아가씨가, 아니 로데 아씨께서 아들을 순산하셨답니다."
"아……"
마르코스는 손가락을 꼽아보았다. 로도스의 이알리소스 항에서 로데를 예루살렘으로 돌려보내고 벌써 열 달이 넘었던 것이다. 마르코스가 어깨를 치켜보였다.
"아저씨가 조카보다 늦으면 안되지."
"그래서 서두르셨나요?"
마르코스가 다브네스를 불렀다.
"다브네스, 나 지금 예루살렘으로 급히 가야겠어."
"네, 서둘러 준비할게요."

마르코스 요안네스

이사야 선지자가 아리엘, 즉 하나님의 번제단이 될 것이라고 예고한 예루살렘이 다시 초막절을 보내고 있었다. 해가 바뀌면서 아들이 태어났다는 소식을 들은 마르코스가 알렉산드리아의 일들을 서둘러 마무리하고 예루살렘으로 돌아온다는 것이 거기서 반년을 더 보냈던 것이다.

"어서 오너라, 마르코스."

아들이 온다는 소식을 전해 듣고 모친 마리아가 사무실 문 앞에까지 나와서 기다리고 있었다.

"어머니, 제가 없는 동안 수고하셨습니다."

"네가 일을 많이 벌이고 다녀서 따라잡기가 어렵더구나."

삭개우스도 예루살렘에 올라와 있었다.

"마르코스, 고생이 많았지?"

"견문을 좀 넓히고 왔습니다."

"며칠 전 파울루스 선생님이 티모데오스와 함께 예루살렘에 오셨었네. 크레스케스라는 젊은이도 같이 왔더군."

"코린도스에서 돌아오신 건가요?"

"거기서 1년 반 동안 잘 계셨는데, 또 유대인들이 말썽을 일으켰던 모양이야. 갈리오 총독이 유대인들 간의 문제는 스스로 처리하라고 판결하여 큰 문제는 없었으나, 선생님은 일단 코린도스를 떠나 에베소에 들렀다가 다시 베다니로 오셔서 그동안의 일을 사도들께 보고했지."

"그리고 어디로 가셨나요?"

"안티오키아로 가셨어."

그는 모두와 함께 사무실 안으로 들어섰다.

"아니, 잠깐만!"

마르코스가 늘 앉던 의자에 한 아기가 앉아 있었던 것이다. 모두들 손뼉을 치며 웃는 가운데 아기 곁에 서 있던 로데가 말했다.

"그 자리에 앉을만한 자격이 있는지 한번 앉혀 봤어요."

마르코스가 자기 자리에 앉아 있는 아기에게로 다가갔다. 아기가 초롱초롱한 눈으로 그를 바라보고 있었다.

"이름은?"

로데가 아기 대신 대답했다.

"마리우스 요안네스."

마르코스가 아기를 품에 안으며 로데에게 말했다.

"수고했어."

가족 간의 인사는 가볍게 끝났다. 마르코스는 자리에 앉자마자 먼저 삭개우스에게 말했다.

"선생님, 곧 베네토로 출발하시도록 준비를 하셔야겠습니다."

"벌써?"

"공사가 차질 없이 진행되고 있습니다. 공방과 상점가 그리고 주거 지역의 배치는 선생님이 도착하신 후에 확정하도록 했습니다. 우선 이주 선발대로 100명 정도를 데리고 출발하도록 하세요."

"알겠네."

"내년까지 1천 명 정도를 이주시킬 계획입니다. 예정했던 대로 5년 후부터 이주를 본격화하여 10년 내로 모두 마쳐야 합니다."

"끝까지 여기 남아서 예루살렘을 지키겠다는 형제들도 있던데."

"설득을 해 보겠지만 믿음대로 해야겠지요."

"요즘 예루살렘은……"

"참, 예루살렘의 정황은 어떻습니까?"

"역시 뒤숭숭하네. 살인 사건이 많이 일어나고 있거든."

"어떤 자들의 소행인데요?"

"아직 증거가 드러나고 있지는 않으나 시카리라는 암살단이 생겼네."

"시카리?"

"그들이 시코에라는 무기를 사용하기 때문이지."

로마 사람들이 시코에라고 하는 그 무기는 날이 낫처럼 휘어진 페르시아 사람들의 칼 아키나코에와 같은 것이었다.

"사마리아에서 강도단이 횡행하더니 이제는 그것이 유대까지 번졌군요."

그는 모친 마리아를 바라보았다.

"경호 업체 피데스는 잘 하고 있습니까?"

"크라투스가 로마에서 돌아와 줄곧 예루살렘에 주재하고 있단다."

"로마에 다녀왔다구요?"

"부모님들이 로마에 계시니까 거기서 결혼식을 했지."

그가 예루살렘을 떠나 있는 동안 많은 일들이 벌어진 것 같았다.

마르코스 요안네스

　예루살렘 지점의 현황을 보고받고 필요한 모든 조치들을 한 다음 마르코스는 삭개우스와 함께 베다니를 방문했다. 아직 베다니에 남아 있는 사도들과 장로들이 다 나와 그를 맞았으나 야고보가 보이지 않았다.
　"야고보님은 어디 가셨습니까?"
　니고데모가 대답했다.
　"요즘 늘 예루살렘 성전에 올라가 계신다네."
　"왜요?"
　"기도하시느라고."
　"네?"
　"매일 올라가 무릎을 꿇고 계셔서 낙타 무릎이라는 별명이 붙었지."
　"무슨 기도를 그리 하시는데요?"
　"두 가지 문제가 있지. 그 중 하나가 베네토로 이주하는 문제야. 자네는 이미 형제들을 베네토에 이주시키기 위해 힘들여 준비하고 있지만, 여기 그냥 남아 있겠다는 형제들도 꽤 있거든."

"예루살렘을 떠나라는 것은 주님께서 명하신 일인데요."

"모두들 나름대로 사정이 있겠지만, 자네로서도 수만 명이나 되는 형제들을 다 데리고 갈 수는 없지 않은가?"

"그래서 이드란 상회의 전용선을 두 척 발주하려고 합니다."

"한 척에 300명씩을 태운다고 해도 600명……"

"몇 차례를 왕복한다고 하더라도 모두 실어 날라야지요."

"그러나 이곳의 책임자인 야고보님이나 사도들의 입장은 좀 다르지."

"뭐가요?"

"몇 명의 형제가 남아도 책임자는 그들과 함께 있어야 하거든."

"그래도 설득에 최선을 다해 주세요. 에스겔 선지자가 말한 것처럼 유다와 사마리아의 두 막대기가 하나로 되는 방법은 밖으로 나가는 것뿐입니다. 이 땅에서는 절대로 하나가 될 수 없어요."

"아가보 선지자도 설득하고 있으니 기다려 보세."

"또 다른 문제는 뭔가요?"

"에티오피아에서 전도하던 마티아 사도가 살해당했어."

"네? 무슨 일로요?"

"도끼에 머리를 찍힌 모양인데 아직 원인을 몰라."

"빌립 집사께서 9년 전에 보고한 바로는 예루살렘에 왔던 에티오피아 여왕의 관리가 세례를 받고 돌아갔다지 않았습니까?"

"지금까지는 큰 문제가 없었는데."

"혹시 또 유대인들이 그랬던 것은 아닐까요?"

"원인을 알아보고 있으니까."

에티오피아 왕실에서 복음 전하는 것을 막지 않았다면 마티스를 살해한 것은 역시 유대인의 소행일 수밖에 없었던 것이다.

"파울루스님이 베다니에 왔었다고 들었습니다."

"그동안의 일을 보고하고 안티오키아로 돌아갔네."

헬라 지역으로 다니던 파울루스의 일행을 박해한 자들도 이방인이 아니라 유대인들이었다. 베다니의 지도자들과 유대인 형제들은 모든 나라에서 유대인의 박해가 심한 것을 민망스럽게 여기고 있었다. 마르코스는 화제를 돌렸다.

"그동안 저는 베네토에 들렀다가 갈리아까지 갔었습니다."

"아, 파울루스가 갈리아 청년을 데리고 왔었지."

"루그두눔에 가서 라사로, 마리아 두 분을 만났고, 마실리아에서 마르다님도 만났습니다. 크레스케스는 라사로님의 제자였지요. 라사로님은 거기서도 병자들과 가난한 자들을 보살피고 계셨습니다."

"잘들 계시다니 다행이야."

마르코스가 전하는 소식을 다 듣고 나서 빌립이 마태오스를 바라보았다.

"아, 마태오스. 하실 말씀이 있지요?"

그러자 마태오스가 손에 들고 있던 파피루스 책을 내 놓았다.

「카타 마태오스」

송아지 가죽으로 만든 표지에 그런 제목이 적혀 있었다.

"우리가 지난해에 만나서 의논했던 대로 이 기록을 작성했네. 물론 페트로스가 불러주고 자네가 기록한 카타 마르콘을 기초로 한 것이지."

"수고하셨습니다."

"여기 계신 사도들과 장로들께서도 내용을 모두 보시고 흡족해 하셨네. 야고보님께서 이 기록을 베다니의 교재로 삼으시겠다고 하셨고, 여기 오셨던 파울루스 선생께도 한 부를 드렸네. 나는 곧 로도스 섬으로 가서 요한 사도에게 한 부를 전하고 완결편을 당부할 예정이네."

"큰일을 하셨습니다. 그리고 삭개우스 선생님이 곧 이주 선발대 100명과 함께 베네토로 가실 것입니다. 삭개우스 선생님께도 한 부를 드려서 베네토 교회에서도 같은 교재를 사용할 수 있도록 해 주십시오."

"알겠네, 그렇게 하지."

"로도스 섬으로 가셨다가 다음엔 어디로 가십니까?"

마태오스가 그의 계획을 말했다.

"거기서 바로 에티오피아로 갈 생각이네."

148
마르코스 요안네스

한 해를 넘기고 다시 겨울이 오기 전에 서둘러 안티오키아로 돌아온 마르코스는 먼저 율리아의 배부터 살펴보았다. 잘록하던 허리가 적잖게 굵어져 있었다.

"로마에서 결혼식을 올렸다지요?"

"정확히 말하자면 안티움에서 했어요."

로마의 외항인 안티움에는 누미토르 암블리아가 이끄는 교회가 있었다.

"신혼인데 신랑이 예루살렘에 가 있어서 외롭겠네요."

"예루살렘의 치안이 불안해서 걱정이에요."

그리고 갑자기 생각난 듯 율리아가 미소를 머금었다.

"축하드려요."

"네?"

"아들을 얻으셨다고 들었어요."

"아리오크를 아들 삼은 것은 이미 말씀을 드렸는데."

이미 아리오크의 모습은 보이지 않았다. 오래간만에 다시 만난 나나와 함께 벌써 밖으로 나가버렸던 것이다.

"그 아들 말고, 예루살렘의 로데가 아들 낳은 소식을 들었거든요."

"아……"

마르코스의 얼굴이 붉어졌다. 그는 헛기침을 하며 업무 이야기를 꺼냈다.

"이제 곧 베네토 이주를 시작하게 될 것이므로 이드란 상회 전용의 선박 두 척을 발주하기로 했습니다."

"베네토의 1차 접안 시설이 완료되었다죠?"

"네, 그래서 전용선 발주를 서두르려고 합니다"

자금 준비 때문에 그동안 발주가 늦어지고 있었던 것이다.

"선박 대금 때문에 자금 회전에 각별히 유의해야 되겠습니다. 안티오키아 지점의 매출과 자금 현황을 한 번 볼까요?"

율리아의 보고는 언제나 정확하고 분명했다. 그가 지점의 모든 현황을 다 들은 다음 향후 계획을 검토하고 있을 때 나나가 들어오며 말했다.

"파울루스님께서 오셨어요."

곧 이어 파울루스가 티모데오스와 크레스케스를 데리고 들어왔다.

"어서 오세요, 선생님."

"가는 곳마다 자네가 보내주는 연보가 아주 유용하게 쓰였네."

"제가 아니라 주님께서 보내신 것입니다."

"감사한 일이지."

"필립포이에서 의사 루카스와 실라님 그리고,"

그는 티모데오스를 가리켰다.

"티모데오스도 만나 선생님 소식을 들었습니다. 또 이번에 베다니에 들렀다가 코린도스에서 있었던 일도 전해 들었지요. 크레스케스를 잘 지도해 주세요. 아, 그리고…… 베다니에서 카타 마태오스를 전해 받으셨다죠?"

"자네와 마태오스가 큰 일을 했더군."

"트로아스에 아폴로스라는 제 친구가 있습니다만, 아테네의 아레오스 파고스에서 선생님의 변론을 듣고 예수를 믿게 되었습니다. 크리스티아누스가 가는 곳마다 유대인의 박해가 심한 것을 보고 히브리의 전통 신앙과 복음의 관계에 관한 글을 '프로스 에브라이우스'라는 제목으로 쓰고 있습니다."

"그런 일이 필요한 것 같아."

"그래서 말씀인데, 학자 출신인 선생님께서 이방인들도 복음의 유래와 의미를 잘 이해할 수 있도록 설명해 주는 글을 쓰시면 좋을 것 같습니다."

"이방인들이 이해할 수 있도록?"

"두로 사람들이 만들어낸 반역의 신들이 헬라를 거쳐 로마로 들어갔으니 사탄과의 결전도 결국 로마에서 붙을 것 같은데요."

"나도 언젠가는 로마로 들어가게 되리라고 생각하네."

"그런 의미에서 프로스 로메우스, 즉 로마인에게 보내는 글을 서한 형식으로 쓰셔서 모든 이방인들이 읽고 깨닫게 하면 좋지 않을까요?"

파울루스가 고개를 끄덕였다.

"프로스 로메우스……그래, 내가 꼭 생각해 보겠네."
"안티오키아에는 언제까지 머무실 것입니까?"
"해가 바뀌면 다시 출발할 예정이네."
"네? 어디로 가시는데요?"
"갈라티아와 프루기아 지방을 거쳐 에페소스로 갈 생각이네. 지난 번 잠시 그곳에 에 들렀을 때 더 머물러 달라고 간청하여 내 일을 돕던 아쿨라스와 프리스킬라 부부만 남겨둔 채 다시 오마고 약속을 했거든."
"에페소스로 가시려구요? 거기 가시면 투란노스의 학당에 트로피모스라는 교관이 있습니다. 도움이 될 것 같습니다."
그는 다시 율리아에게 말했다.
"트로아스 지점의 에패네토스와 밀레토스의 카우노스에게도 연락을 해 주세요. 선생님께서 에페소스로 가신다고."
그가 파울루스를 보며 설명을 했다.
"그들이 꼭 선생님께 세례를 받겠다고 했거든요."

마르코스 요안네스

　코린도스 조선소는 530년 전에 살라미스 해전이 벌어졌던 바로 그곳에 자리잡고 있었다. 페르시아 함대의 전함 1천 2백 척을 격침시켰던 헬라 연합군의 380척은 바로 코린도스 조선소에서 건조한 3단 노선이었다.
　"상선이지만 노대는 2단으로 해 주십시오."
　혹시라도 풍랑을 만났을 때에는 바람에만 의지하는 것보다 빠른 속도로 신속하게 탈출하는 것이 필요했던 것이다.
　"승선 인원은 얼마로 하시겠습니까?"
　"선원을 포함하여 300명으로 하겠습니다."
　아레스가 계약 담당자에게 물었다.
　"선박 인도는 언제까지 가능하겠습니까?"
　"한 척은 계약일로부터 1년, 나머지 한 척은 그 6개월 후입니다."
　"선가의 지불 조건은?"
　"전체 선가를 4등분하여 첫 번째 것은 계약과 동시에 내시고 나머지는 매 6개월마다 지불하시면 됩니다."

마르코스가 아레스를 한번 보고 고개를 끄덕였다.

"좋습니다. 배의 구조를 한번 봅시다."

그들은 건조 현장으로 들어가 배의 설계도를 검토했다. 사람들을 수송할 때에는 승객 위주가 될 것이나 상선으로 사용할 때에는 화물의 선적과 하역을 고려해야 하므로 구조를 바꿔야 할 곳이 많았던 것이다.

"손님이 찾아오셨습니다."

경비원을 따라 나가보니 아폴로스와 한 여인이 문 밖에 와 있었다. 마르코스가 기술 감독에게 부탁 했다.

"앞으로 모든 것은 아레스와 협의해 주십시오."

더 상세한 의논을 위해 아레스를 남겨 놓고 조선소를 나서자 아폴로스가 함께 온 우아한 모습의 여인을 그에게 소개했다.

"다마리스 집사님이셔."

그 이름이 귀에 익어서 아폴로스를 바라보자 그가 말했다.

"파울루스 선생님이 아레오스 파고스에서 변론하실 때 듣고 공회의 디오누시오스심문관과 아프로디테 신전의 다마리스 사제장이 예수를 믿게 되었다고 했었지? 바로 이분이 그 다마리스 집사님이야."

"반갑습니다, 아프로디테 신전의 사제장을 뵙는 것은 처음이네요."

다마리스가 웃으며 높은 바위 언덕을 가리켰다.

"아테네가 아테나의 도시라면, 이 곳 코린도스는 아프로디테의 도시에요."

헬라에서 폴리스라는 도시 국가들이 발달한 것은 800년 전부터였다. 그리고 도시마다 아크로폴리스라고 하는 언덕에 수호신을 모시고 있었다. 코린도스를 창설한 시시포스 왕이 제우스의 비밀을 누설한 죄로 평생 돌을 굴려야 했다는 바위산 타르탈로스가 코린도스의 아크로폴리스였다.

"저 위에 있는 신전이 아프로디테 신전이에요."

다마리스가 바로 그곳의 사제장이었던 것이다. 대리석이 깔린 대로를 따라 코린도스 중심가로 들어서자 과연 음란과 술과 도박의 도시이며 폭력과 마법의 도시에 도착한 것을 실감할 수 있었다.

"여기서도 마술 공연을 하고 있군요."

상점가에 연극장의 광고판이 붙어 있었던 것이다. 마술사의 이름은 메난더라고 되어 있었다. 그가 크레타 섬에서 코린도스로 건너온 모양이었다.

"코린도스는 마법의 도시이기도 하지요. 뱀들의 전차를 타고 날아다닌다는 마법의 여신 메디아가 코린도스 출신이거든요. 메디아가 보내주는 옷을 입으면 불에 타서 죽는다고 하지요."

마르코스가 다시 아폴로스에게 물었다.

"파울루스 선생님은 다시 에페소스로 가신다고 하던데, 여기는 어때?"

"트로아스에 있을 때 선생님이 에페소스로 오신다는 소문을 듣고 달려갔더니 벌써 예루살렘으로 떠나신 뒤였어. 아쿨라스와 프리스킬라 내외만 만나 선생님이 가르치시는 내용들을 전해 듣고 이곳 코린도스로 왔지."

"여기서 무엇을 하고 있는데?"

"그동안 써 놓은 프로스 에브라이우스를 코린도 교회에서 전하는데"

다마리스가 끼어들며 말했다.

"정말, 너무 좋아요. 디오누시오스 심문관도 여기까지 들으러 오시거든요."

"모두들 좋다고 하시는데 문제가 생겼어."

"무슨 문제가?"

"좋아하는 것이 지나쳐서 교회에 파벌이 생기는 거야. 파울루스 파, 아폴로스 파, 카타 마르콘만 믿는 페트로스 파, 심지어는 그리스도 파도 있어."

"그건 보통 문제가 아니로군."

"아무래도 파울루스 선생님이 다시 오셔야 할 것 같아. 그분이 에페소스로 가셨다니 나도 곧 쫓아가서 이곳 사정을 말씀드려야겠어."

아폴로스가 광장의 마방에서 준비해 놓았던 말 세 필을 끌어냈다.

"어딜 가려고?"

"여기까지 왔으니 아테네를 보아야지."

"그래야겠군. 아폴로스, 이제 우리 나이도 벌써 40이 되었어."

나사렛 예수가 고난을 당한 지도 23년이 되었다.

"모세가 광야로 나간 나이지."

그들 셋은 코린도스를 나서서 곧장 아테네를 향해 달렸다. 동쪽을 향해 한참을 달리던 아폴로스가 속도를 늦추며 말했다.

"왼쪽에 보이는 건물이 플라톤의 아카데미아야."

"아, 저것이?"

그가 보니 아카데미아 입구에 플라톤이 새겨 놓았다는 그 문구가 보였다.

"게마트리아를 모르는 자는 이곳에 들어오지 말라."

아폴로스가 웃으며 말했다.

"게마트리아가 수학을 뜻하는 줄 알았더니 피타고라스의 신이더군."

마르코스의 부친 이드란이 아테네에서 들렀던 곳은 아카데미아였을 텐데 그곳 도서관에서 피타고라스의 마술 비전을 찾지 못했던 것 같았다. 아카데미아의 맞은편에는 대장간들과 공방들이 줄지어 있었다.

"망치 소리가 요란하군."

"피타고라스가 저 망치 소리에서 음악적 영감을 얻었다는 거야."

"음악적 영감이 아니라, 아마도 600년 후에 마르코스 요안네스가 이곳을 지나가게 되리라는 영감을 얻었을 거야."

그들 셋은 함께 웃었다. 마르코스는 헬라어로 '망치'였던 것이다. 그들이 다시 말의 배를 차며 계속해서 달리자 마침내 대장간의 신 헤파이스토스의 신전이 있는 광장으로 들어섰다.

"헤파이스토스가 추남이었지만 아프로디테의 남편이었다지요?"

마르코스가 다마리스에게 묻자 그녀가 웃었다.

"실은 헤파이스토스의 신전에 왔다가 아레오스 파고스에 들렀던 거예요."

"그랬었군요."

벌써 아크로폴리스의 파르테논 신전이 보였다. 시각적 효과 때문인지 어느 도시의 아크로폴리스보다 웅장해 보였다. 그것을 바라보며 올라가던 파울루스의 심경이 어땠을지 짐작이 되었다. 아테나의 지혜를 뜻하는 큰 눈의 부엉이들이 앉아 있는 숲을 지나 올라가던 아폴로스가 중간의 바위 언덕에서 걸음을 멈추었다.

"여기가 아레오스 파고스야."

파울루스가 유대인 회당과 광장에서 예수의 복음을 전할 때 헬라 이원론의 두 계파, 즉 쾌락을 주장하는 에피쿠로스 학파와 금욕을 요구하는 스토이코스 학파의 학자들이 파울루스를 붙잡아 아레오스 파고스로 끌고 왔다. 외래 학자들의 새로운 학설을 심문하기 위해서였다.

"선생님은 뭐라고 답변하셨지?"

아폴로스가 파울루스처럼 대답했다.

"아테네 시민들이여, 여러분에겐 무엇인가 믿으려는 마음이 많군요. 내가 다니면서 많은 신상들과 제단들을 보았는데 알지 못하는 신에게, 라고 쓴 있는 제단도 보았습니다. 이제 내가 그 알지 못하고 위하는 신을 알게 해 드리지요."

다마리스가 고개를 끄덕이며 말했다.

"놀라운 말씀이었어요."

아폴로스는 아크로폴리스에 우뚝 서 있는 신전을 가리켰다.

22규빗이 넘는 46개의 돌기둥이 아테나 신전의 삼각 지붕을 떠받치고 있었다.

"우주와 그 가운데 있는 만물을 지으신 하나님은 천지의 주재시므로 손으로 지은 신전에 계시지 않습니다. 또 무엇이 부족하여 사람의 손으로 섬김을 받으시는 분이 아닙니다. 그분은 만물에게 생명과 호흡을 주시는 분입니다."

아폴로스가 그 변론의 재연을 계속했다.

"하나님은 인류의 모든 족속을 한 혈통으로 만드셔서 온 땅에 살게 하시고, 그들의 연대를 매기시고, 거주의 경계를 정하셨습니다. 이것은 사람들이 혹 하나님을 더듬어 찾아서 발견하게 하려 하신 것입니다. 그분은 우리들로부터 멀리 계시지 않습니다. 우리가 그분의 보살핌으로 살고, 움직이고, 존재하기 때문입니다."

그 다음을 다마리스가 이었다.

"헬라의 한 시인도 읊었듯이 우리는 그분의 자녀입니다. 그런 우리가 하나님을 금이나, 은이나, 돌에다 사람의 기술과 고안으로 새길 수는 없습니다. 알지 못하던 시대에는 하나님이 그대로 두고 모른 체 하셨으나 이제는 어디 있는 사람에게든 다 회개하라고 명하셨습니다."

아폴로스가 그 변론의 재연을 마무리했다.

"그분께서는 정하신 아들을 보내어 천하를 공의로 심판할 날까지 이미 작정하셨고, 그 아들을 죽은 자 가운데서 다시 살리신 것으로 모든 사람에게 믿을만한 증거를 주신 것입니다."

"유클리드의 결론을 말씀하셨군."

"이렇게 확실히 증명하였다."

"선생님의 변론을 들은 심문관들의 반응은 어땠어?"

"어떤 사람들은 그것이 디오니소스나 올페우스의 이야기와 다른 것이 무엇이냐며 따졌고, 그러지 말고 더 들어보자는 사람들도 있었지. 어쨌든 선생님께서 전하는 내용이 시민에게 유해한 것은 아니라고 판결했어."

그는 품 안에서 책 하나를 꺼내 마르코스에게 주었다.

"프로스 에브라이우스의 사본이야."

"아, 고마워. 예루살렘에 이것을 꼭 전할게."

그 때 아테나 신전의 아래쪽에 있는 디오니소스 극장에서 요란한 음악 소리가 들리고 있었다.

"극장에서 지금 뭘 하고 있는 거지?"

다마리스가 대답했다.

"아테네에서도 마술 공연이 극성스러워요. 지금 공연하는 자는 시몬 상쿠스, 자기가 구세주라고 선전하는 마술사예요."

코린도스에서는 메난더가 마술을 공연하고, 그의 스승인 마술사 시몬은 아테네의 한복판에 들어와 구세주를 자칭하며 마술을 보여주고 있었다. 그들이 곧 로마로 진입할 날이 얼마 남지 않은 것 같았다.

150
마르코스 요안네스

마르코스의 40세는 눈코 뜰 새 없이 지나갔다. 코린도스의 조선소에 보낼 자금을 준비하는 일도 바빴으나 베다니와 예루살렘의 형제들과 가족들을 매월 100명씩 베네토로 이주시키는 일도 보통 일이 아니었다. 아드리아 해로 들어가는 특별 선편을 예약하고, 승선 과정까지 안전하게 보살펴야 했다.

"전용선을 인수한다고 해도,"

이주자들의 안내를 맡고 있던 크라투스가 말했다.

"앞으로 10년 동안 수만 명을 이주시키는 것은 어려울 것 같습니다."

"무슨 방법이 없을까?"

"육로 이동을 생각해야 할 것 같아요."

그렇게 하려면 카이사랴에서 해변 길을 따라가다가 페네키아와 킬리키아의 남해안을 지나고 소아시아의 서해안을 지나 트로아스에서는 어차피 왕복선을 타고 네아폴리스로 건너갈 수밖에 없었다. 거기서부터 마르코스가 했던 것처럼 에그나티아 대로를 따라 가다가 일루리쿰을 지나 베네토로 들어가야 했다.

"이스라엘 자손이 홍해를 건너 가나안 땅까지 이동했던 거리의 20배도 넘는 먼 길이야. 40년은커녕 400년이 걸릴 수도 있어."

"하지만 일단 예루살렘을 벗어나는 것이 중요하니까요."

생각에 잠겨 있던 마르코스가 물었다.

"파울루스 선생님 소식은 좀 듣고 있나?"

트로아스 지점장 에페내토스와 밀레토스의 카우노스 그리고 에페소스의 트로피모스 등 12명이 파울루스의 세례를 받았다는 것까지는 들었으나 그 이후로는 아직 소식을 모르고 있었던 것이다.

"석 달 동안 회당에서 강론하시다가 요즘은 투란노스의 학당에서 날마다 말씀을 전하고 계신답니다. 놀라운 일이 많이 일어나고 있는 모양입니다. 사람들이 파울루스 선생님의 손수건이나 앞치마를 가져다가 병든 사람에게 얹기만 해도 그 병이 떠나고 귀신도 나간답니다."

"에페소스가 뒤집어지겠군."

"그리고 마술사 하닷이 필립포이로 건너간 후 세바스테에서 공연하던 마술사 우갈이 에페소스로 옮겨 갔답니다."

"페트로스님은 아직 소식이 없나?"

"페르시아로 들어가신 후 아직 아무런 소식도 없습니다."

베다니의 형제들이 매달 1천 명씩 베네토로 이주하는 동안 교회의 지도자들도 베다니를 떠나기 시작했다. 마태오스는 로도스 섬에 가서 요한을 만난 뒤 에티오피아로 들어갔고, 페트로스의 아우 안드레는 흑해 북쪽의 다키아 지역으로, 사도 빌립은 스쿠디아 쪽으로 올라갔다. 알패오의 아들 야고보도 리비아 쪽으로 건너갔고 베다니에 남아 있는 사도는 없었다.

"여리고의 클로리스 상점은 어떻게 하고 있나?"

"클로리스 점장님이 베네토로 떠나신 후 딸 플로리스가 상점과 공방을 운영하고 있습니다."

"안티오키아 사람들도 로마로 많이 옮겨 간다지?"

"네, 파울루스님의 친척 헤로디온이 안티움으로 갔고, 구레네 시몬의 부인 마리아님도 그리로 가셨습니다. 가족들이 거기 있으니까요."

마르코스는 베다니를 자주 찾아가 남아 있는 장로 니고데모와 집사들에게 베네토의 현황을 보고했다. 교회의 수장인 예수의 아우 야고보는 여전히 성전에 올라가 무릎을 꿇고 있었다. 그동안 이드란 상회는 지점 한 군데와 대리점 하나를 더 늘렸다. 아테네 지점을 개설하여 다마리스 집사에게 운영을 부탁했고 파포스의 레아 집사와는 대리점 계약을 체결했다.

마르코스 요안네스

  나사렛 예수가 고난을 당한 지 24년째 되는 유월절이 다가오고 있었다. 유월절만 되면 긴장하는 예루살렘이 다시 폭력 조직 시카리 때문에 시끄러웠다. 예루살렘에 자주 살인 사건이 일어나자 주민들은 시카리가 돈을 받고 사람을 죽여주는 살인 청부업을 한다고 소문을 퍼뜨렸다.
  "베기아 호가 카이사랴에 입항했습니다."
  코린도스에서 진수한 배를 타고 온 아레스가 보고를 했다.
  "수고했어."
  이드란 상회가 발주한 첫 번째 전용선이 베기아 호였다. 부친 이드란과 마르코스에게 큰 은인이 된 베가를 기념한 것이나, 선원들이 배의 이름에는 여자 이름이 더 낫다고 해서 베기아 호로 했던 것이다.
  "민심이 소란할 때이니 소문나지 않도록 하게."
  베다니의 사람들이 예루살렘을 빠져나가고 있다는 소문이 유대인들을 불안하게 하고 있었다. 예루살렘이 장차 멸망하게 되리라고 했던 나사렛 예수의 경고를 많은 사람들이 알고 있었던 것이다.

"베다니 안에서도 자꾸만 의견이 갈라지는 것 같아요."

로데의 보고였다.

"할례 문제로 총회가 열렸던 때의 앙금이 아직도 남아 있는 거야."

아레스가 한숨을 쉬었다.

"이제는 아가보 선지자의 말도 안 듣는 모양이죠?"

"하나님께서 아브라함에게 주신 약속의 땅을 떠날 수 없다는 거예요."

그 때 욥바 항에 갔던 크라투스가 들어왔다.

"이주자들은 잘 보냈나?"

"네. 무사히 출항했습니다. 그리고……"

"그리고?"

"로마에서 사건이 생겼더군요."

"무슨 일인가?"

"클라우디우스 황제가 갑자기 죽고, 군대장관 부루스가 군부와 원로원을 다 장악하고 황후 아그리피나의 아들 네로의 즉위를 선포했답니다."

결국 황제의 아들 브리타니쿠스와의 후계 경쟁에서 17살의 네로가 이겼다는 것이었다.

"황제의 건강이 그렇게 나빴었나?"

"아그리피나 황후가 황제를 독살했다는 소문이 돌고 있답니다."

황후 측근의 삼인방은 군대장관 부루스와 네로의 교사인 철학자 세네카 그리고 펠릭스 총독의 형 팔라스였다.
"펠릭스 총독의 더 기세가 더 오르겠군."
"에메사 왕 아시수스가 죽었다는 소식도 들어와 있습니다."
펠릭스에게 왕비 드루실라를 빼앗기고 병을 얻었다더니 결국 죽은 것이었다.
"후임자는?"
"아우 소에무스가 뒤를 이었답니다."

152
마르코스 요안네스

 마르코스가 예측했던 대로 펠릭스 총독은 유대인과 그 지도자들에게 위압적으로 군림하기 시작했다. 태후가 된 아그리피나가 아그립바 2세와 가깝기 때문에 헤롯 왕궁 쪽에는 신경을 좀 쓰는 편이었으나 대제사장과 공회는 늘 못마땅하게 여기고 있었다. 대제사장 요나단이 유대인을 무시하는 펠릭스를 비난했다.
 "당신이 누구 덕분에 총독이 되었는데?"
 해가 바뀌어 나사렛 예수가 고난을 당한 지 25년째 되는 유월절에 대제사장 요나단은 백성들과 함께 성전에 올라가다가 살해를 당했다. 대제사장을 찌른 자는 그와 친한 자 도라스였는데 유대인 사이에서는 펠릭스 총독이 시카리 암살단을 시켜 대제사장을 죽였다는 소문이 돌았다.
 "유대인들이 날카로워지면 또 베다니가 위험해지는데요."
 아레스도 긴장하고 있었다.
 "베다니 사람들에 대한 유대인의 비난이 또 시작되고 있거든요."

두 번째 전용선 이드라니아 호가 운항을 시작하면서 베다니 사람들의 이주는 더욱 늘어가고 있었다. 사람뿐 아니라 수공예품과 금속 가공품을 생산하는 공방 설비까지도 옮겨가기 시작했던 것이다. 베다니 사람들이 예루살렘을 버리고 외국으로 빠져나간다는 소문이 더 번지고 있었다.

"그래서 말인데……"

"말씀하세요."

"육로 이동을 시도해 봐야 할 것 같아."

"그 먼 데까지요?"

"준비를 철저히 한 다음 충분히 여유를 가지고 출발하는 거야. 이동하면서 복음도 전하는 이동 전도대를 만드는 거지. 안티오키아, 밀레토스, 페르가몬, 트로아스와 마케도니아 쪽의 필립포이 등 지점, 대리점들의 협조도 받고."

"계획을 세워 보겠습니다."

그 때 다시 크라투스가 들어오며 말했다.

"로마에서는 권력의 암투가 계속되고 있는 것 같습니다."

"무슨 일인데?"

"황실에 묘한 여자가 끼어들었습니다. 네로가 친구인 오토의 아내 포페아와 눈이 맞아 통치권 장악에 나선 것입니다."

"겨우 18살인데?"

"이미 전황제 클라우디우스의 아들 브리타니쿠스를 독살했고, 황후 옥타비아와 별거하기 시작했습니다. 게다가"

옥타비아도 역시 클라우디우스의 딸이었다.

"게다가?"

"태후 아그리피나의 정치적 간섭을 거부하기 시작했답니다."

"아그리피나가 권력을 잃었다면 팔라스의 위치가 흔들리겠고, 펠릭스 총독 역시 예민해지겠군."

"애굽에서 온 사기꾼 이야기는 들으셨지요?"

"예루살렘이 무너질 것이니 광야로 따라 나오라고 했다는 가짜 선지자?"

"네, 4천 명 정도가 그를 따라 나갔는데 펠릭스 총독이 군대를 보내 그들을 모두 학살해 버렸답니다. 그로 인해 베다니 사람들이 또 오해를 받게 생겼지요. 예수님도 예루살렘의 멸망을 예고하셨으니까요."

"우리 일을 더 서둘러야겠어."

마르코스 요안네스

　베다니 사람들의 이주는 꾸준히 계속되었다. 나사렛 예수가 고난을 당한 지 26년 되는 해까지 5천 명 정도가 유대를 떠났고, 100명 또는 200명씩 이동 전도대가 조직되어 육로로 길을 나섰다. 그들은 베네토까지 가는데 3년 이상 걸릴 것을 각오하고 가는 곳마다 취업도 할 계획이었다.
　"오론투스는 잘 크고 있나?"
　크라투스 내외는 그들이 오래 살아온 안티오키아의 오론테스 강을 기념하여 아들의 이름을 오론투스라고 지었던 것이다.
　"네, 벌써 3살이 되었습니다."
　그러고 보니 마르코스의 아들 마리우스는 4살이었다.
　"알렉산드리아의 다브네스는 언제지?"
　"올 여름에 출산 예정이랍니다."
　마르코스가 빙그레 웃었다.
　"아레스가 먼저 서두르더니 제일 늦는군."
　그는 다시 파울루스의 근황을 물었다.
　"파울루스 선생님은 아직 에페소스에 계신가?"
　로마의 유대인 추방령이 해제되어 아쿨라스와 프리스킬라 부부는 로마로 돌아갔다는 이야기를 들었던 것이다.

"코린도스의 내분 사태 때문에 걱정이 많으신 모양입니다. 에페소스로 간 아폴로스님의 보고를 듣고 일단 티모데오스 편에 서한을 보냈답니다. 또, 크레타에 가 있는 티토스에게도 코린도스의 일을 잘 수습해 달라고 부탁했구요."

그 때 아레스가 들어오며 말했다.

"에페소스에서 또 문제가 생긴 모양입니다."

"무슨 일이?"

"파울루스 선생님이 가는 곳마다 기적이 일어나는 것을 보고 마술 조직에 속해 있던 사람들이 자신들의 거짓을 고백하며 마술 책들을 불살랐답니다. 그러자 마술 조직의 두목 우갈이 우상 장사에 타격을 입은 데메트리오스와 공모하여 폭동을 일으킨 것입니다."

"마술사 조직과 공방 인원을 합치면 꽤 많을 텐데?"

"에페소스 극장 가득히 사람이 모였다니까 대략 2만 5천 명이 모였겠지요. 다행히 투란노스 학당의 트로피모스와 학생들이 선생님을 피신시켰으나 마케도니아에서 온 가이우스와 아리스타코스 등은 큰 봉변을 당했답니다."

"그래서?"

"선생님은 일단 마케도니아 쪽으로 가셨답니다."

마술사들의 행패가 점점 극성스러워지고 있다는 것은 결국 그들 전체가 나사렛 예수를 대적하여 싸울 결전의 날이 다가오고 있음을 말해 주는 것이었다. 그리고 그 결전의 장소는 아무래도 로마가 될 것 같았다.

"파울루스 선생님도 곧 로마로 들어가시게 될 거야."

마르코스 요안네스

　예루살렘을 빠져나가는 사람들이 많아질수록 베다니 교회의 살림은 점점 더 어려워지고 있었다. 10년이 넘게 계속되는 기근 속에서도 베다니와 인근 공방에서 생산되는 수공예품과 금속 제품 등을 내다 팔아 곡물을 구입하며 버티어 왔는데 그 생산이 차츰 줄고 있었던 것이다.
　"제품 구입가를 좀 올려 주면 안 되겠나?"
　마르코스의 물음에 아레스가 난처하여 고개를 저었다.
　"선박 인수에 자금이 많이 들어갔고 베네토에 보내는 건설 자금도 계속 들어가고 있는데다가 융통한 자금에 대한 이자 역시 만만치 않습니다."
　"곡물 구입가를 좀 더 내려 봐."
　"너무 내려서 더 내려갈 데가 없는데요."
　"베다니 사람들을 살리는 것은 하나님께서 우리에게 주신 사명이야."
　"그런데다가 베다니는……"

"왜?"

"믿지 않는 사람들에게까지 베풀고 있어서."

베다니 사람들도 어려웠으나 믿지 않는 유대인들의 형편은 더 어려워 극빈층이 급속도로 늘어나고 있었다. 베다니 사람들은 그들을 외면할 수가 없어서 자신들의 몫을 나눠 주어야 했다. 성전에서 무릎을 꿇고 있는 야고보나 베다니에서 한숨을 쉬는 니고데모와 집사들이나 힘들기는 마찬가지였다.

"그것도 주님의 명령인걸."

나사렛 예수는 배고픈 자에게 먹을 것을 주고 목마른 자에게 마실 것을 주라고 했던 것이다. 아레스가 한숨을 쉬며 말했다.

"파울루스 선생님도 모금을 하고 계신 모양이더군요."

아폴로스, 크레스케스와 함께 마케도니아로 건너간 파울루스는 코린도스 교회의 문제 때문에 걱정을 하면서도 필립포이, 데살로니케, 베로이아 등으로 다니며 베다니 교회를 돕기 위한 연보를 모으고 있었다. 파울루스는 새로 개척한 달마티아와 일루리쿰 지역에까지 모금을 하며 다녔다.

"그런 것까지 걱정하시지 않게 해드려야 하는 건데."

"최근에는 코린도스에도 도움을 부탁했다네요."

"문제가 생긴 지역에까지?"

"분쟁의 문제는 티토스가 가서 잘 해결을 한 모양입니다. 파울루스 선생님이 에페소스에서 보낸 편지도 효과가 있었다네요."

"뭐라고 쓰셨는데?"

"나는 심었고 아폴로스는 물을 주었으나 오직 하나님께서 자라게 하셨습니다. 그런즉 심는 이나 물 주는 이는 아무것도 아니지만 오직 자라게 하시는 이는 하나님뿐이십니다."

"아주 적절하게 잘 쓰셨군."

"티토스의 보고를 받고 선생님은 지금 코린도스에 가 계신답니다."

마르코스는 심호흡을 하며 중얼거렸다.

"앞으로 5년……"

그는 지금 44살이었다. 적어도 49살까지는 베다니 사람들의 베네토 이주를 완료시키겠다는 것이 그의 계획이었던 것이다.

마르코스 요안네스

    베다니 사람들의 이주가 본격적으로 진행되면서 마르코스는 파울루스의 움직임을 면밀하게 파악하고 있었다. 아가보 선지자의 말에도 늘 귀를 기울였으나 파울루스의 움직임 그 자체가 하나님이 어디로 향하고 있는지 그 뜻을 보여주고 있는 것 같기 때문이었다.
    "코린도스에서 배를 타지 않으셨답니다."
    아레스의 보고를 듣고 그는 깜짝 놀랐다. 파울루스는 안티오키아를 떠난 지 5년 만에 코린도스에서 배를 타고 안티오키아로 돌아오게 되어 있었던 것이다.
    "배를 타지 않다니?"
    "티토스의 보고에 의하면 안티오키아로 가는 배 안에서 유대인 조직이 파울루스 선생님을 암살하려는 움직임이 있었답니다."
    "어떤 조직이야? 마술사 조직인가, 시카리 암살단인가?"
    "아직 파악이 되지 않았습니다."

"그래서?"

"육로를 통해 돌아오시기로 하고 다시 마케도니아로 올라가셨답니다."

마르코스는 그가 로마로 가고 싶어하는 것을 알고 있었다. 그러나 파울루스는 로마로 가지 않았다. 그는 각 교회의 대표들을 트로아스로 모이게 했다. 베로이아 교회의 소파트로스, 데살로니케 교회의 아리스타코스, 데르베 교회의 가이우스, 에페소스 교회의 트로피모스 등이었다. 그는 루카스와 티모테오스를 데리고 건너가 트로아스에서 아폴로스를 만났다.

"선생님은 트로아스에서 유월절을 보냈습니다."

그것은 나사렛 예수가 고난을 당하고 28번째 유월절이었다.

"아폴로스님이 빌린 집의 다락방에서 성찬을 나누고 밤중까지 강론을 하는데 한 젊은이가 3층 창가에 앉아서 졸다가 떨어져 죽었다는군요. 그러나 선생님이 기도하여 그 죽은 사람을 다시 살리셨답니다."

죽은 자를 살리는 일이 파울루스 쪽에서도 일어난 것이었다.

"성령께서 인도하고 계시는군."

"이튿날에는 앗소스까지 걸어가 거기서 배를 타셨답니다. 미틀레네와 키오스 그리고 사모스를 거쳐 밀레토스에 들어가 에페소스 교회의 장로들을 불러 작별 인사를 한 다음 코스를 지나 로도스 섬에 들렀다고 합니다."

"로도스 섬에?"

사도 요한과 예수의 모친 마리아가 있는 곳이었다.

"네. 로도스를 떠나 다시 파타라에서 페니키아로 가는 배를 타셨구요."

"안티오키아로 가지 않고?"

그가 안티오키아에도 들르지 않고 페니키아로 향했다면 그 목적지는 예루살렘이었다. 그동안 모아 놓은 연보를 속히 예루살렘에 전하기 위해 그토록 길을 서둘렀던 것임에 틀림없었다.

"두로에 상륙했을 때 그곳의 형제들에게 성령의 감동이 있어서 선생님께 예루살렘으로 가시지 말라고 간청했답니다. 그러나 선생님은 다시 배에 올라 프톨레마이오스 항구에서 내려 육로를 통해 카이사랴로 오고 있답니다."

"뭐라구?"

마르코스는 자리에서 일어섰다.

"그러면 내가 지금 이러고 있을 때가 아니지."

"네?"

"아레스, 카이사랴로 가야겠다. 나와 함께 내려가자."

마르코스 요안네스

말을 몰아 카이사랴로 달려간 마르코스와 아레스는 카이사랴로 들어오는 파울루스의 일행과 만났다.

"어서 오세요, 선생님."

"베네토의 일은 순조롭게 진행되고 있다지?"

"유대인들이 더 예민해졌습니다."

마르코스는 각 교회의 대표들과도 인사를 나누었다. 그들 중 루카스와 티모데오스, 크레스케스 그리고 에페소스의 트로피모스는 이미 구면이었다.

"오시다가 로도스 섬에 들렀다지요?"

"요한 사도와 만났습니다. 이걸 전해 드렸지요."

루카스는 품에서 책 하나를 꺼냈다. 송아지 가죽 표지에 제목이 붙어 있었다.

「카타 루칸」

마르코스가 루카스의 손을 잡으며 기뻐했다.
"드디어 해내셨군요."
"카타 마르콘을 바탕으로 해서 몇 가지 자료를 추가했습니다."
"수고하셨습니다."
파울루스가 루카스를 보며 말했다.
"루카스, 내가 쓴 편지 사본도 하나 주게나."
그러자 루카스가 두루마리 하나를 꺼내 마르코스에게 건네주었다.
"파울루스 선생님께서 그동안 쓰신 겁니다. 코린도스를 출발하기 전에 켄크레아의 페베 집사에게 부탁해서 로마 교회에도 전달하게 하셨지요."
"아, 프로스 로메우스."
마르코스가 파울루스를 보며 치하했다.
"선생님의 글이 이방인 형제들에게 큰 도움이 될 것입니다."
그들 일행은 먼저 빌립 집사의 집으로 갔다. 빌립의 집에 들어가자 이미 예루살렘을 떠나 카이사랴에 와 있던 아가보 선지자가 파울루스에게 말했다.
"선생님, 예루살렘에는 가지 마십시오."
"네?"
"성령께서 말씀하시기를 예루살렘에 가시면 유대인들이 선생님을 결박하여 이방인의 손에 넘겨 줄 것이라고 하셨습니다."

뿐만 아니라 역시 예언을 하는 빌립의 네 딸도 같은 말로 권했다. 그러나 파울루스는 듣지 않았다. 결국 만류하던 사람들이 물러서야 했다.

"주님의 뜻대로 이루어지기를 바랍니다."

파울루스는 적당한 시기를 기다리고 있다가 마침내 예루살렘을 향해 출발했다. 들판마다, 언덕마다 샤론의 장미가 활짝 피어 있었다. 각 교회의 대표들 외에도 카이사랴 교회의 많은 사람들이 그를 따랐다. 예루살렘에 도착한 파울루스는 일단 키프로스 사람 나손의 집에 거처를 정하고 베다니를 방문했다.

"어서 오세요, 파울루스."

베다니 교회의 야고보와 니고데모 그리고 여러 집사들이 그를 환영했다. 파울루스가 6년 전에 왔을 때처럼 그동안 있었던 일을 교회 대표들에게 보고하고 이방인 교회에서 모아 보낸 연보를 내놓자 모두들 그를 치하하며 말했다.

"우리가 파울루스님께 한 가지 부탁이 있습니다."

"무엇이지요?"

"베다니의 유대인 형제 중에는 아직도 파울루스님이 모세의 율법을 무시한다고 오해하는 자들이 있습니다. 우리 쪽에 나실인의 서원을 한 사람이 4명 있는데 그들과 함께 성전에 들어가 결례를 행하면 모두들 안심하지 않겠습니까?"

그러자 바울이 선선히 대답했다.

"어려울 것 없지요."

그러나 그 일이 오히려 화근이 되었다. 에페소스 쪽에서 파울루스를 죽이려고 온 유대인들이 그가 이방인과 함께 성전에 들어갔다며 밖으로 끌어냈던 것이다. 성전에 들어간 4명은 이방인이 아니라 모두 유대인이었다.

"이 자를 죽여라, 그는 성전을 더럽혔다."

일이 그렇게 되자 마르코스가 급히 아레스에게 물었다.

"혹시 로마 군대에 아는 자가 없나?"

"백부장 하나를 알고 있습니다."

"빨리 가서 로마군의 고위층을 모시고 나오게 해."

아레스가 급히 달려가 로마군의 백부장에게 부탁을 했고, 백부장은 루시아 천부장을 모시고 현장으로 나왔다. 천부장 루시아가 유대인들에게 경위를 따졌으나 무슨 말인지 이해하기 어려우므로 일단 파울루스를 병영으로 데려갔다. 그리고 천부장이 직접 파울루스에게 물었다.

"혹시, 당신이 4천 명을 데리고 광야로 나갔던 애굽 사람이오?"

"아닙니다, 나는 타르소스 출신의 유대인입니다. 내가 저들이 말하는 잘못을 저지른 적이 없으니 말할 기회를 주십시오."

천부장이 그것을 허락하자 파울루스는 층대 위에 서서 유대인들에게 히브리말로 말하기 시작했다.

"여러분. 나는 유대인이며, 타르소스에서 났습니다. 예루살렘에서 자라며 가말리엘 문하에서 율법을 배웠고, 여러분처럼 하나님을 섬기는 자입니다."

그리고 파울루스가 말한 것은 그가 가는 곳마다 말했던 간증이었다. 다메섹으로 가는 길에서 부활한 예수를 만났고, 그분이 이방인을 구원하기 위해 자기를 세웠다는 것이었다. 그 말을 듣고 유대인들이 또 소동을 일으키며 파울루스를 죽이려 하자 천부장은 다시 그를 영내로 끌어들였다.

"내가 로마 시민권자이니, 그에 합당한 대우를 요청합니다."

파울루스가 신분을 밝히자 백부장은 깜짝 놀라 이튿날 다시 그를 산헤드린 공회로 데려갔다. 그가 죽은 자의 부활에 대하여 말하자 부활을 인정하는 바리새파와 인정하지 않는 사두개파가 서로 갈라져 다투었다. 천부장이 그 기세에 밀려 다시 그를 영내에 들여 놓았는데 그날 밤에 파울루스는 곁에 선 예수를 보았다.

"담대하라, 네가 예루살렘에서 나의 일을 증거한 것과 같이 로마에서도 증언하여야 하리라."

그러나 다시 아레스가 마르코스에게 중요한 정보를 가져왔다. 40명의 결사대가 파울루스를 죽이기 위해 모의하고, 그를 한 번 더 산헤드린 공회에 세워 달라고 로마군에 요구하려 한다는 것이었다.

"빨리 천부장에게 가서 이 일을 알려라."

그날 밤, 아레스는 백부상에게 이 사실을 알리고, 백부상은 천부장에게 보고했다. 루시아 천부장은 급히 백부장 둘을 불러 펠릭스 총독에게 보내는 보고서를 주고, 기병 70명과 보병 200명, 창병 200명을 소집해 파울루스를 카이사랴까지 호송하게 했다. 그리고 닷새 후에는 총독 앞에서 심문이 시작되었다. 예루살렘에서 온 대제사장이 변사와 함께 파울루스를 고소했다.

"이 사람은 전염병 같은 자이며 천하에 흩어진 유대인들을 다 어지럽게 하는 나사렛 이단의 우두머리입니다. 그가 또 성전을 더럽게 하므로 우리가 잡았사오니 총독께서 친히 그를 심문하여 주십시오."

그러나 파울루스는 사실대로 대답했다.

"나는 하나님을 섬기고 율법과 선지자들의 글을 믿으며, 의인과 악인의 부활이 있으리라고 믿는 사람입니다. 내가 성전의 결례에 참석했을 뿐 이방인들과 함께 가지도 않았고, 모임이나 소요도 없었습니다. 아시아 쪽에서 온 유대인들이 나를 고소한 것 같으니 그들의 말을 들어 보십시오."

펠릭스 총독은 천부장 루시아를 기다리는 척하며 처결을 연기하고, 파울루스를 지키되 그가 동료들과 만나는 것을 금하지 않았다. 이미 전부터 알고 지내던 이드란 상회의 대표 마르코스가 그에 대한 선처를 미리 부탁해 놓았기 때문이었다. 총독은 자주 파울루스를 불러 이야기를 나누었다.

"파울루스, 지내기가 불편하지는 않소?"

"네, 잘 지내고 있습니다."

총독은 그가 파울루스에게 친절하게 한다는 것을 마르코스에게 보여 주려고 그랬던 것이다. 또 그는 아내 드루실라와 함께 파울루스를 불러 그의 믿음에 대한 설명을 듣기도 했다. 그러나 지내는 것이 편하다 하더라도 펠릭스 총독의 처사는 너무 애매했다. 그는 유대인들을 자극하면 안 된다는 핑계를 대면서 좀처럼 파울루스의 사건을 종결하려고 하지 않았다.

마르코스 요안네스

　베다니 마을은 이제 거의 사람들이 보이지 않을 정도로 텅 비었다. 사도들과 파울루스의 말대로 예루살렘을 벗어나 이방인을 구원하는 일에 찬성하는 사람들은 거의 다 베다니를 떠났고, 아직도 예루살렘에 대한 애착과 모세의 율법에 굳게 매달리는 사람들만 남아 있었다.
　"우리는 언제 철수하지요?"
　아레스가 마르코스에게 물었다.
　"지금부터 3년 후에 이주 건을 마감하고, 맨 나중에 우리가 떠난다."
　"가족들은 먼저 보내시지요."
　"그래야겠어."
　마르코스 자신도 다락방집 아들이라는 것 때문에 여기저기서 우대를 받아왔지만 모친 마리아야말로 나사렛 예수의 귀중한 증인이었다. 아레스는 마르코스의 모친 마리아와 로데, 그리고 7살 된 마리우스를 카이사랴로 먼저 내려보냈다. 베네토로 가는 배를 태우기 위해서였다.

"로마 소식을 좀 들으셨습니까?"

크라투스가 안으로 들어오며 그에게 물었다.

"또 무슨 변동이라도?"

"아그리피나 태후가 네로를 유혹하려다가 되레 죽었답니다."

"유혹을 하다니?"

"어머니가 아닌 여자로서 포페아와 경쟁하려 했던 거죠."

"그런데 왜 죽었지?"

"네로가 자객을 보내서 살해했답니다."

아그리피나가 죽었다면 그녀의 심복이었던 팔라스의 아우 펠릭스 총독도 위치가 불안할 수밖에 없을 것이었다. 게다가 그와 유대인의 관계는 점점 벌어지고 있었다. 마르코스의 가족들을 카이사랴로 데리고 가 배에 태워 보내고 돌아온 아레스는 유대인들이 펠릭스와 맞붙은 것 같다고 보고했다.

"유대인들이 트집잡는 것은 그들의 특권 문제였습니다."

"특권이라니?"

"카이사랴를 유대인 헤롯 1세가 건설했으니, 유대인이 수리아인보다 우월한 특권을 누려야 한다고 주장하는 거죠."

"언제는 또 그가 이두매인이라고 미워하더니."

"그래서 유대인을 못마땅하게 여기는 펠릭스 총독도 역시 수리아 편이거든요. 펠릭스가 소동을 벌이는 유대인들을 잡아다가 가차 없이 처형하자 유대인들은 카이사랴 곳곳에서 폭동을 일으키고 있습니다."

예루살렘도 소란스럽기는 마찬가지였다. 점점 황량해지는 예루살렘 도성까지 강도가 횡행하고, 대제사장이 제사장들의 재물을 강탈하는 일도 있었다.

"파울루스 선생님이 빨리 석방되어야 하는데."

펠릭스 총독은 유대인들과 신경전을 벌이면서도 파울루스는 이태가 지나도록 가둬 놓고 있었다. 유대의 치안이 혼란 속으로 빠져들자 황제는 포르키우스 페스투스를 유대 총독으로 임명하고 단호한 칙령을 발표했다.

"로마 제국의 모든 속주에서는 어느 민족도 다른 민족보다 우월한 특권을 누릴 수 없다. 따라서 유대인과 수리아인의 권리는 평등하다."

황실의 칙령이 도착하자 유대인들의 불만은 더욱 고조되었다. 마르코스는 급히 펠릭스를 찾아갔다.

"퇴임하기 전에 파울루스 사건을 해결해 주십시오."

마르코스의 어조는 매우 강경하고 위압적이었다. 이미 펠릭스의 끈이 허약해진 것을 알고 있기 때문이었다. 만일 파울루스 문제를 속히 해결하지 않으면 더 높은 곳에 상소하겠다는 뜻이었다.

마르코스 요안네스

나사렛 예수가 고난을 당한 지 30년 되는 해에 포르키우스 페스투스 총독이 부임했다. 페스투스 총독은 부임하자마자 파울루스 사건을 종결하려고 서둘렀다. 마르코스의 독촉에 위협을 느낀 펠릭스가 후임 총독에게 파울루스 사건을 속히 종결해 달라고 신신당부를 했던 것이다.

"대제사장은 예루살렘에서 그대를 재판하자는데 어떤가?"

페스투스가 묻자 파울루스가 대답했다.

"내가 로마의 시민권자이니 황제의 재판을 받아야 할 것입니다."

"그렇다면 황제에게 가도록 해 주겠다."

그러나 페스투스는 유대 측의 합의 절차를 거치기 위해 아그립바 2세를 불러들였다. 티베리아스에 있던 아그립바 2세가 그의 누이 베레니케와 함께 카이사랴에 도착했다. 베레니케는 로마 황실의 압력으로 킬리키아 왕 폴레모와 결혼했다가 또 이혼하고 돌아와 있었다. 파울루스는 총독과 아그립바 2세와 베레니케와 고위 관리들이 있는 자리에서 다시 증언했다.

"아그립바 전하, 유대인들이 나를 고발하는 모든 일에 관하여 오늘 전하 앞에서 변명하게 된 것을 다행으로 생각합니다."

그렇게 말해 놓고 나서 다시 파울루스가 말한 것은 그가 예루살렘에서 유대인들에게 증언했던 것과 똑같은 것이었다. 그는 바리새인의 집에서 바리새인의 교훈대로 자랐으며 다메섹으로 가는 길에서 예수를 만나 그의 부활을 증거하게 된 일까지 모든 것을 그대로 증언했다. 일찍이 파울루스의 학문과 명성을 들어서 알고 있던 페스투스 총독이 탄식하며 말했다.

"그대가 미쳤구나. 많은 학문이 그대를 미치게 했어."

아그립바 2세도 말했다.

"당신은 그런 말로 나까지 크리스티아누스가 되게 하려는가?"

그러자 파울루스가 대답했다.

"전하뿐 아니라 오늘 내 말을 듣는 모든 사람들이, 이렇게 결박된 것 말고는, 나와 같이 되었으면 좋겠습니다."

페스투스 총독과 아그립바 2세는 파울루스가 범법한 사실이 없음을 확인했다. 그러나 본인이 황제에게 상소했기 때문에 결국 로마에 이송하기로 합의했다. 아그립바 2세가 안타까운 듯 페스투스에게 말했다.

"황제께 상소하지 않았으면 석방될 수도 있었을 텐데."

결국 파울루스는 로마로 가게 되었다. 호송 담당관은 율리우스 백부장이었고, 루카스와 티모데오스와 크레스케스 그리고 데살로니케 교회의 아리스타코스가 함께 동승하여 파울루스를 따랐다. 그들을 실은 배 아드라무티움 호가 카이사랴 항을 떠나자 마르코스가 카이사랴 교회의 빌립 집사에게 말했다.

"이제 카이사랴 교회도 이주 준비를 하시지요."

"형제들은 준비시키겠지만 나는 히에라폴리스 쪽으로 가겠네."

"왜요?"

"나는 전도하는 사람이야."

"알겠습니다."

그는 말론 점장과 느다넬 지점장에게도 일렀다.

"카이사랴와 세바스테의 모든 가족들도 철수를 준비하세요."

마르코스 요안네스

알렉산드리아에서 출발한 이드란 상회의 전용선 이드라니아호가 티레니아 해를 지나 로마의 외항인 안티움 항으로 들어서고 있었다. 마르코스의 아버지 이드란이 세상을 떠난 지 35년, 나사렛 예수가 고난을 당한 지는 32년이 되었다. 마르코스가 알렉산드리아를 떠나 이드란 상회를 재건하기 시작한 것은 22년 전이었고, 그의 나이는 어느새 49살이 되어 있었다.

"드디어 우리가 로마에 입성하는구나."

"감회가 깊으시겠네요."

아레스가 안티움 항의 풍경을 바라보며 말했다.

"라헬이 아주 예쁘더구나."

다브네스가 낳은 딸에게 아레스는 라헬이라는 이름을 붙여 주었다. 이스라엘 사람들의 조상 야곱이 가장 사랑한 여자가 라헬이었으나, 애굽으로 내려간 야곱의 가족 70명의 명단 중에는 그녀가 없었던 것이다.

"세월이 참 빠르네요. 라헬이 벌써 6살이 되었으니."

마르코스의 아들 마리우스는 10살이 되어 있었고, 율리아가 낳은 아들 오론투스는 9살이었다.

"아들을 낳아야 장인의 후계자로 삼을 텐데요."

"무슨 말이야?"

"사업과 교회 일을 병행하려면 아들이 필요할 테니까."

곡물거래소를 운영하고 있는 아레스의 장인 아니아누스를 알렉산드리아 교회의 장로로 위촉한 것을 두고 하는 말이었다.

"발 빠른 노루도 언젠가는 아들을 낳겠지."

그렇게 말하며 부두에 나온 사람들을 바라보던 마르코스가 말했다.

"크라투스도 여전히 빠르군."

마르코스는 예루살렘과 유대에 있는 형제들의 마지막 철수를 끝내고 나서 크라투스에게 모든 대리점과 공방들의 뒷정리를 당부하고 알렉산드리아를 들러서 오는 길이었다. 그런데 크라투스가 먼저 와서 기다리고 있었던 것이다.

"어서 오세요, 대표님."

마르코스와 아레스가 세관을 통과하자 크라투스는 함께 부두에 나와 있던 사람들을 그들에게 소개했다.

"안티움 교회의 암블리아 장로이십니다."

"아……"

그는 티베리우스 황제 때 델라토르, 즉 정보원으로 예루살렘에 파견되었던 사람이었다.

"수고가 많으십니다."

암블리아 곁에 있던 사람이 자신을 소개했다.

"저는 로마 교회의 나르키수스입니다."

암블리아가 설명을 보탰다.

"지금 파울루스 선생님이 나르키수스 장로 집에 계시지요."

그 외에도 구레네의 시몬과 그의 아내 마리아, 그리고 그들의 두 아들 알렉산더와 루포도 나와 있었고, 25살의 청년이 된 아리오크의 모습도 보였다.

"오래간만이네요, 파파."

파파는 아람어인 아빠의 로마식 표현이었다.

"아리오크, 넌 어떻게 로마에 왔어?"

"크라투스님이 안티오키아에 들러서 저를 데려왔어요."

마르코스는 또 낯익은 얼굴을 찾아냈다. 크레타 섬에서 만났던 티토스였다.

"티토스, 당신은 왜 여기에?"

"나중에 그 사유를 말씀드리지요."

그들은 일단 안티움 교회의 집회 장소로 사용하고 있는 암블리아의 집으로 들어갔다. 암블리아는 교회에 모여 있는 형제들, 특히 파울루스가 프로스 로메우스의 말미에서 안부를 물었던 성도들을 마르코스와 아레스에게 소개했다.

"아쿨라스와 프리스킬라 내외분은 안계시네요?"

"아, 지금 로마에 계십니다."

마르코스도 그들에게 인사를 했다.

"제가 다락방집 아들 마르코스 요안네스입니다."

모두들 손뼉을 치며 그를 환영하자 그가 다시 말했다.

"저는 아버지가 하던 일을 물려받아 장사를 하는 사람입니다.

이드란 상회는 여러 곳에 지점과 대리점을 두고 있는데 혹시, 암블리아 장로님께서 동의하신다면 암블리아 상회와도 대리점 계약을 하고 싶습니다."

암블리아 장로가 큰 소리로 외쳤다.

"아멘."

그러고 나서 암블리아는 형제들에게 다시 말했다.

"예루살렘과 유대, 그리고 사마리아와 갈릴리에 살고 있던 믿음의 형제들은 그동안 고향 땅을 떠나 베네토 지역으로 이주를 끝냈습니다. 마지막 마무리를 하고 돌아온 크라투스 형제가 한 가지 슬픈 소식을 전하겠습니다."

그러나 크라투스가 앞으로 나섰다.

"율리아의 남편 크라투스 필롤로구스입니다."

그는 잠깐 사이를 두었다가 말했다.

"아시다시피 예루살렘에서는 조상들의 땅을 떠나기 싫다고 이주를 반대한 형제들이 그대로 남아 있습니다. 그들 때문에 주님의 아우이신 야고보님은 베다니에 그냥 남기로 하셨는데, 파울루스 선생님이 로마로 압송된 후 대제사장과 유대인들은 그 야고보님을 새 표적으로 삼고 있었지요."

그 말을 듣는 마르코스의 얼굴이 굳어지고 있었다.

"페스투스 총독이 카이사랴에서 갑자기 졸도, 사망하여 로마에서는 알비누스를 유대 총독으로 발령했습니다. 그러나 후임 총독의 부임이 늦어지고 있는 사이, 아나누스 대제사장이 그 공백기를 기회로 삼은 것입니다. 그는 급히 산헤드린 공회를 열어 야고보님을 사형에 처하기로 결의했습니다."

마르코스가 자리에서 일어섰다.

"그래서 어떻게 되었나?"

"대제사장의 수하들이 성전에서 기도하고 있는 야고보님을 성전 꼭대기로 끌고 올라가 난간 너머로 던졌습니다. 아래서 기다리고 있던 자들이 돌을 던졌고, 야고보님은 피투성이가 된 몸을 다시 일으켜 꿇어앉아 기도했습니다."

"무슨 기도를?"

"알지 못하고 행하는 죄를 저들에게 돌리지 마옵소서."

그의 형 예수도 십자가에서 그렇게 기도했고, 스테파노스 집사도 돌에 맞으며 같은 기도를 했었다. 크라투스가 말을 이었다.

"한 세탁업자가 몽둥이로 야고보님의 머리를 쳐서 쓰러뜨렸고, 야고보님은 그대로 절명하셨습니다."

크라투스가 품에서 두루마리 하나를 꺼냈다.

"야고보님이 돌아가시기 며칠 전에 모든 교회의 형제들에게 보내기 위해 써 두신 서한입니다."

그는 두루마리를 펼쳐 한 구절만을 읽었다.

"형제들이여, 주님께서 오실 때까지 부디 참고 견뎌내십시오."

그것을 듣고 모두들 고개를 숙이며 흐느끼기 시작했다. 구레네 시몬이 손등으로 눈물을 닦으며 크라투스에게 물었다.

"베다니의 남은 형제들은 어떻게 되었습니까?"

"야고보님의 아우 되시는 시몬님이 베다니의 남은 형제들을 이끌고 급히 요단강을 건너 일단 베뢰아 지역으로 피신하셨습니다."

마르코스 요안네스

안티움의 형제들과 함께 감사의 예배를 드리며 야고보의 안식을 위해 기도한 마르코스는 나르키수스 장로와 함께 로마를 향해 말을 달렸다. 아레스와 티토스 그리고 아리오크가 역시 말을 몰아 뒤따랐다. 그들이 귀족들의 마을 아리키아를 지날 때 나르키수스가 한 집을 가리키며 말했다.

"마술사 시몬이 저곳에 머물고 있습니다."

"그가 언제 왔습니까?"

"벌써 여러 달 되었습니다."

"군대장관 부루스가 이미 죽었고, 네로 황제의 스승이었던 세네카도 은퇴했다는데 지금 황실의 권력은 어느 쪽에 가 있는지 궁금합니다."

"포페아 황후입니다."

"황제가 그녀와 결혼을 했습니까?"

"네. 얼마 전 옥타비아 황후와 이혼했거든요. 옥타비아는 이혼한 직후 살해되었습니다. 황제와 포페아의 결혼식에는 마술사 시몬도 참석을 했지요."

"시몬이 어떻게?"

"처음에는 팔라스를 통해 포페아에게 접근했는데, 네로 황제의 환심을 사게 된 것 같습니다. 아시다시피 황제는 극장의 무대에서 시를 읊거나 노래하기를 좋아하는데, 마술사 시몬이 그를 위대한 예술가라고 추켜세웠거든요."

"팔라스의 위치는 어떻습니까?"

"안토니아에서 아그리피나로 옮겼다가 다시 포페아와 가까워졌는데 요즘은 근위대 장관 오포니우스 티겔리누스에게 밀리고 있지요. 그가 황제에게 아부하는 데는 황후 포페아도 못 당할 정도로 능하거든요."

"크리스티아누스 중에서는 권부에 누가 있습니까?"

"리비우스 스타쿠스 장군이 원로원 의원이고, 율리아의 부친 페트로니우스와 외삼촌 롱기누스도 원로원에 있습니다. 코넬리우스 장군의 부관이었던 리누스 행정관은 이탈리아 부대의 지휘관이 되었지요. 그 외에 황실의 친척들 중에도 은밀하게 세례를 받은 분들이 많이 있습니다."

아피아 가도를 지나 성 안으로 들어선 나르키수스 장로는 티베리스 강을 따라서 달리다가 다리를 건너 강의 서쪽으로 들어섰다.

"이곳은 강의 동쪽과 많이 다르군요."

"빈민들이 많이 사는 바티카누스 지역입니다."

도시 중심의 체제에서는 어쩔 수 없이 경쟁의 대열에서 낙오하는 빈민이 발생하게 마련이었다. 그들이 티베리스 강의 서쪽으로 밀려나 살고 있었던 것이다.

"치안이 문제가 되겠군요."

"빈민층의 불만을 무마하기 위해 식량도 배급하고, 전차 경기나 곡마단의 공연을 관람시키기도 하고, 심지어는 술까지 배급하는데도 싸움과 범죄가 빈발하지요. 가족끼리 싸우다 집에 불을 지르는 경우가 많아서 아예 바티카누스 지역을 위한 특별 소방대가 편성되었을 정도입니다."

"그런데 우리가 왜 이 곳으로 들어왔지요?"

"파울루스 선생님께서 굳이 이곳에 계시기를 원하셔서 제가 셋집을 하나 얻어 드렸습니다. 황제에게 상소한 죄수는 2년 동안 연금 상태로 대기해야 하는데 그 동안에 소추(訴追)가 없으면 석방되거든요."

"출입은 자유로운가요?"

"외출은 안되지만 찾아오는 사람은 다 만날 수 있습니다. 그 동안 많은 유대인들과 헬라인들이 찾아와서 강론을 듣고 세례를 받았지요."

"감시원도 없구요?"

"율리우스라는 백부장 하나가 경호를 하고 있습니다."

그 말을 듣고 마르코스가 깜짝 놀랐다.

"아니, 카이사랴에서 선생님을 호송했던 그 백부장이 아직 함께 있습니까?"

"로마로 오실 때 파선 당한 소식은 들으셨나요?"

"유라굴론 태풍을 만나 파선했다는 것은 들었습니다만."

"당시 배가 완전히 파선되었는데도 선원과 승객 276명은 하나도 희생되지 않고 모두 밀레투스 섬에 상륙하여 구조되었답니다. 그 섬에서 석 달을 지내는 동안 선생님의 강론을 듣고, 또 많은 기적을 목격한 사람들이 모두 세례를 받았는데 율리우스 백부장도 마찬가지였습니다."

"아, 그런 일이."

그들이 파울루스의 거처에 도착하자, 카이사랴에서 마르코스와 안면이 있는 율리우스 백부장이 군례를 올리며 그를 맞았다.

"백부장, 수고가 많습니다."

마르코스가 백부장과 인사할 때에 안으로부터 아폴로스와 루카스가 나왔고, 그가 모르는 남자와 여자가 함께 나왔다.

"혹시 아쿨라스와 프리스킬라 내외십니까?"

"그렇습니다."

그들은 마치 구면인 것처럼 반갑게 인사를 나누었다. 안으로 들어가자 파울루스 곁에는 크레스케스와 또 한 남자가 있었다.

"어서 오게, 마르코스."

"티모데오스는 여기 없습니까?"

"에페소스에 다른 교리를 전하는 자들이 생겨 그리로 보냈네."

그는 크레스케스와 함께 있는 남자를 소개했다.

"에페소스에서 세례를 받은 에파프라스야. 콜로사이 교회를 개척한 형제지."

그들 모두가 다 인사를 한 다음에 방 안으로 들어간 파울루스가 모두의 앞에서 마르코스에게 말했다.

"내가 실은 자네에게 부탁할 일이 있어서 기다리고 있었네."

"말씀하세요."

"오는 길에 이야기를 들었을지 모르나, 지금 로마에는 시몬이라는 마술사가 들어와 황제와 황후를 미혹하며, 로마 사람들에게 자기가 만든 이단 교리를 퍼뜨리고 있어. 소위 그노시스 교리라는 것이지."

"지식이라구요?"

'그노시스'란 헬라어로 지식이라는 말이었던 것이다.

"영적인 지식을 가르친다면서 유대의 메시야 신앙과 헬라적 이원론을 적당히 얼버무려 예수와 그리스도를 분리시키는 거야. 그 목적은 자신이 예수를 대신해서 온 새로운 메시야임을 알리는 것이기도 하지."

"티아나의 아폴로니우스가 하던 것을 흉내내고 있군요."

"그는 여러 가지 마술과 마법으로 주님의 기적을 흉내내고, 12제자와 72문도를 거느리며 시몬 상쿠스라 자칭하고 있어. 시몬을 따르는 사람들이 많이 늘어나 그 무리를 시모니아누스라고 한다네."

어느새 시모니아누스는 크리스티아누스와 대칭적 이름이 된 것이었다.

"교회가 큰 훼방을 받겠군요."

"세례까지 받은 우리 형제들이 대거 시몬에게로 넘어가고 있는데, 심지어는 그동안 신실한 형제였던 원로원 의원 마루케루스까지 그에게 넘어갔어. 그런데도 나는 이렇게 연금 상태이니 아무것도 할 수가 없다네."

나르키수스 장로가 옆에서 말했다.

"마술사 시몬이 바로 그 마루케루스 의원 집에 지금 기거하고 있습니다."

아폴로스가 마르코스에게 귀뜸해 주었다.

"시몬의 12제자 중에는 안티오키아에 있던 메난더, 페르가몬의 하닷, 에페소스의 우갈 등이 있고 우리 친구 게메로스도 포함되어 있어."

마르코스가 놀라며 물었다.

"게메로스가?"

"파포스에 있던 그가 가족들과 함께 로마로 왔거든."

마르코스는 그제서야 왜 티토스와 아리오크가 로마에 와 있는지 알게 되었다. 그들은 모두 한때나마 마술사 조직에서 마술을 배운 적이 있는 사람들이었던 것이다. 마르코스가 티토스에게 물었다.

"크레타에서 만났던 형제들도 함께 와 있습니까?"

"네. 시몬을 따르는 시모니아누스 말고도 그의 부하들이 72명이나 되므로 대항할 인원이 필요하거든요."

크라투스가 고개를 끄덕였다.

"코넬리우스 장군의 부관이었던 리누스가 이탈리아 부대의 지휘관으로 와 있어서 저들의 불법 행위를 단속하는 데는 도움이 될 것입니다."

파울루스가 다시 말을 이었다.

"마르코스, 내가 자네를 기다린 것은"

그는 곁에 있던 에파프라스를 한번 보고 말했다.

"에파프라스가 가져온 소식에 의하면 지금 페트로스가 페르시아를 떠나 갑파도키아의 티아나까지 와 있는데, 히에라폴리스에 가 있는 빌립 집사를 만나기 위해 그리로 올 가능성이 있다는 거야."

"페트로스님이요?"

그가 페르시아로 간 지 벌써 12년이 되었던 것이다.

"페트로스가 11년 전 바벨론에서 티아나의 아폴로니우스와 대결해 물리쳤다는 것을 나도 전해 들었거든. 지금 내가 이렇게 연금된 상태에 있으니, 마술사 시몬과 맞서서 싸워 줄 분은 페트로스밖에 없어."

파울루스가 마르코스의 손을 잡았다.

"페트로스가 누구 말대로 움직이는 분이 아니지만, 그분을 아버지로 섬기는 자네가 가서 부탁을 드린다면 로마로 모시고 올 수 있을 거야."

"알겠습니다."

"마침 내가 콜로사이 교회의 필레몬 장로에게 보낼 서신이 있어 오세시모스와 투키코스 두 사람이 내일 떠나네. 자네가 만일 그들과 함께 히에라폴리스로 갈 수 있다면 그들의 출발을 며칠 늦추라고 할까?"

연금 상태에 있어도 파울루스의 성품은 여전히 급했다.

"아닙니다. 저는 이곳의 일을 좀 마무리하고 곧 따라갈 테니까 일단 그분들은 먼저 떠나시라고 하십시오."

"알겠네. 그럼 잘 부탁하네."

"염려 마세요, 제가 페트로스님을 꼭 모시고 오겠습니다."

마르코스 요안네스

　파울루스에게 장담은 했지만 페트로스를 로마까지 데리고 가는 것은 그리 쉽지 않았다. 마르코스가 콜로사이 교회에 도착했을 때 오네시모스와 투키코스가 반갑게 나와 그를 맞았고, 필레몬 장로의 극진한 대접을 받았다. 파울루스가 보낸 편지에 마르코스를 잘 영접하라고 적혀 있었기 때문이었다.
　"제가 이제 자유인이 되었습니다."
　오네시모스가 웃으며 말했다.
　"네?"
　"실은 제가 필레몬 장로 댁의 노예였거든요."
　"아, 그랬습니까?"
　"제가 주인댁에서 돈을 훔쳐가지고 도주하여 로마까지 갔던 것입니다. 파울루스님을 만나 세례를 받기 전에 저의 죄를 고백하였더니 주인께 편지를 써 주셔서 이렇게 돌아왔고 주인께서는 저를 자유인으로 만들어 주셨습니다."
　"편지에 뭐라고 쓰셨는데요?"

필레몬이 웃으며 그 내용을 공개했다.

"장로께서 나를 동역자로 여긴다면 오네시모스를 나처럼 영접하고, 그가 장로께 빚진 것이 있으면 그것을 내 앞으로 계산하십시오. 내가 장로께 갚겠습니다. 그러나 장로께서 내게 빚진 것은 말하지 않겠습니다."

"무서운 편지를 받으셨군요."

마르코스가 이튿날 필레몬과 함께 히에라폴리스에 가보니, 빌립 집사와 그 딸들만 있고 페트로스는 아직 도착하지 않았다. 결국 마르코스는 전에 그가 버리고 떠났던 파울루스의 여정을 혼자 쫓아다녀야 했다. 피시디아의 산중에서 학질에 걸렸고, 강도를 만나 죽을 뻔하기도 하며 피시디아의 안티오키아를 거쳐 이고니온, 루스트라를 지나 데르베에 이르렀다.

"어서 오세요, 마르코스님."

데르베 교회에 이르러 마르코스는 완전히 탈진해 버렸다. 파울루스가 4년 전 마지막으로 카이사랴에 왔을 때 함께 왔던 가이우스 장로가 깜짝 놀라며 그를 맞아들였다. 27살에 알렉산드리아를 떠난 후로 22년 동안 쉴 새 없이 뛰어다닌 피로가 한꺼번에 몰려온 듯 했다. 데르베에서 여러 달 동안 쉬며 기력을 회복한 마르코스는 티아나에서 페트로스를 만났다.

"파파, 저예요."

그는 마침내 페트로스의 품에 안겨 마치 어린 아이처럼 눈물을 흘렸다.

"선한 일로 고난을 당하는 것은 기쁜 일이란다."

페르시아에서 돌아와 티아나를 찾아온 페트로스 역시 매우 힘든 시간을 보내고 있었다. 티아나는 예수를 모방해 구세주 노릇을 하려다가 페트로스에게 걸려 무너진 아폴로니오스의 고향이었다. 평소에 아폴로니오스를 티아나의 자랑으로 삼던 사람들이 페트로스를 죽이려 벼르고 있었던 것이다.

"지금은 어때요?"

"자신들의 믿음이 헛된 것이었음을 깨닫기 시작했지."

"그런데요, 파파. 지금 로마가 파파를 정말 애타게 기다리고 있습니다."

"무슨 말이야?"

"거기서 더 큰 전쟁이 벌어지고 있거든요."

마르코스 요안네스

페트로스가 티아나에서의 성과를 마무리하고, 개척한 교회의 지도자를 택하여 세울 때까지 마르코스는 기다려야 했다. 페트로스는 또 데르베에 들러 가이우스 장로에게 티아나 교회를 보살피도록 당부하는 것도 잊지 않았다. 결국 마르코스가 페트로스와 함께 안티움 항에 다시 돌아온 것은 해를 넘긴 후였다.

"벌써 33년이 되었구나."

"네?"

"주님께서 십자가에 달리시고, 부활하셨던 것이."

페트로스는 아직도 생생한 그 날의 떨림과 감격 속에서 살고 있었다.

"파파, 저 사람들 좀 보세요."

그 날, 안티움 항의 부두는 페트로스를 보기 위해 나온 사람들로 시장 거리처럼 북적거렸다. 로마와 안티움의 교회들이 페트로스를 교회의 수장으로 여기고 있는 것은 그의 세례를 받은 코넬리우스 장군의 영향이었다.

"어서 오세요, 페트로스님."

누미토르 암블리아 장로가 그를 껴안았다. 그는 예루살렘에서 황제의 정보원으로 활동할 때부터 페트로스와 자주 만났던 사이였다. 많은 사람들이 몰려들어 그의 손이라도 잡아보려고 애를 썼다. 그러고 보면 예수의 12제자 중 로마를 찾아온 것은 페트로스가 처음이었던 것이다.

"할렐루야."

"주님께 영광을."

안티움 교회의 집사들은 몰려드는 사람들을 헤쳐가며 페트로스를 암블리아의 집으로 안내했다. 페트로스는 구레네 시몬을 비롯한 안티움 교회의 모든 사람들과 인사를 나누고 나서 긴 예배를 인도했다.

"주님의 평강이 여러분과 함께 하시기를 바랍니다."

"그리고 사도와도 함께 하시기를."

날이 새자 그는 안티움에서 더 이상 지체하지 않고 로마를 향해 출발했다. 로마 교회의 나르키수스 장로가 그를 안내했고, 안티움의 많은 형제들이 로마에서 온 크라투스, 티토스, 아리오크 등과 함께 그를 따랐다.

"마술사 시몬이 어디 있다고 했지?"

"네, 아리키아에 있는 마루케루스 의원 댁입니다."

"그리로 먼저 갑시다."

페트로스 역시 파울루스 못지않게 성정이 급한 사람이었다. 마침내 마루케루스의 집 앞에 도착하자 경비원이 그들을 막았다.

"나는 페트로스란 사람인데 마술사 시몬을 만나러 왔소."

그러자 경비원이 떨리는 목소리로 대답했다.

"선생님, 죄송합니다. 시몬 그분이 선생님께서 안티움에 도착하셨다는 말을 듣고, 그가 오면 집에 없다고 이르라 하셨습니다."

"거짓말 하는 버릇은 여전하군."

페트로스가 경비병에게 말했다.

"당신이 솔직하게 말했으니 예수 그리스도를 믿으면 복을 받을 것이오."

그렇게 말하고 나서 페트로스는 대문을 지키고 있는 큰 개 앞으로 걸어가더니 개에게 부드러운 음성으로 말했다.

"안으로 들어가서 시몬에게 내가 왔다고 전하여라."

개는 곧 돌아서서 안으로 들어갔다. 그리고 얼마 안 되어 안에서 개 짖는 소리와 시끄러운 소리가 들렸다. 곧이어 마루케루스의 개가 마술사 시몬의 팔을 물어 밖으로 끌어냈고, 많은 사람들이 그 뒤를 따라나왔다. 마루케루스의 집에 모여 시몬의 연설을 듣고 있던 자들이었다. 페트로스가 시몬을 향해 꾸짖었다.

"시몬, 내가 세바스테에서 네게 회개하기를 촉구했거늘 이제 여기까지 와서 하나님과 예수 그리스도를 대적하고 있느냐?"

그러나 시몬은 개에게 물린 팔을 감싸 쥐며 큰 소리로 떠들었다.

"네 주인이 이미 죽었는데 아직도 꿈을 꾸고 있는 건가?"

"시몬, 아직도 네 죄를 깨닫지 못하고 주의 심판을 자초하느냐?"

개가 시몬을 놓아 주자 그가 말했다.

"오는 안식일 정오에 율리우스 광장에서 만나자. 모든 사람들이 보는 앞에서 네가 고개도 못 들고 도망치게 해 줄 것이다."

그러자 개가 다시 크게 짖으며 그의 다리를 물어뜯었다. 시몬은 홱 돌아서더니 말에 올라 로마 쪽을 향해 도망치기 시작했다. 그러자 갑자기 사람들 속에서 한 사내가 나타나서 페트로스의 앞에 무릎을 꿇었다.

"사도여, 저를 용서하소서. 제가 악한 자의 꾀임에 넘어갔나이다."

"당신은 누구요?"

"제 이름은 마루케루스입니다."

"미루케루스, 일어나시오."

"제가 어떻게 해야 용서받을 수 있겠습니까?"

"집안의 모든 구석을 깨끗이 청소하고 주님께 용서를 구하시오."

그러자 안에서 몰려나온 모든 사람들이 페트로스 앞에 무릎을 꿇고, 죄를 자복하며 눈물을 흘렸다.

"용서하소서, 우리의 죄를 용서하소서."

마르코스 요안네스

바티카누스의 셋집에 도착한 페트로스는 달려나오는 파울루스와 포옹했다. 13년 전에 안티오키아에서 헤어진 후 첫 해후였던 것이다.

"우리가 결국 로마에서 만나는군요."
"언제나 지나고 보면 주님께서 계획하셨음을 알게 되지요."
"그동안 얼마나 고생이 많았습니까?"
"그저 주님과 동행하는 기쁨으로 살았습니다."

두 사도의 대화를 들으며 그동안 마술사 시몬의 일로 근심하고 있던 사람들의 얼굴도 환해지고 있었다. 마치 하늘 군대가 파울루스의 셋집뿐 아니라 온 바티카누스에 가득히 들어차 있는 것 같았다. 두 사도의 대화가 계속되는 동안 날이 저물자 그들에게는 더 큰 기쁨이 찾아왔다.

"말씀 중에 죄송합니다만, 멀리서 손님이 오셨는데요."

티토스의 보고와 함께 방문이 열렸다.

"아, 코넬리우스!"

페트로스가 온다는 말을 듣고 라벤나 군단의 코넬리우스 장군이 멀리서 달려왔던 것이다. 코넬리우스는 그동안 베네토 공사를 도와주었을 뿐만 아니라 안티움과 로마 교회의 든든한 후원자였다. 페트로스가 코넬리우스를 부둥켜안고 그의 등을 손바닥으로 쓰다듬었다. 그는 비록 혼자서 달려왔으나, 형제들은 그가 라벤나 군단을 다 이끌고 온 것처럼 든든했다.

164
마르코스 요안네스

바티카누스의 셋집에서 페트로스와 파울루스가 오랫만에 만난 형제들과 기도하는 동안, 티토스와 그의 친구들과 아리오크는 마술사 시몬이 페트로스와 대결하겠다고 공언한 율리우스 광장 일대를 모두 수색하며 그가 계획하는 광장 마술의 준비 상황을 면밀하게 파악하고 있었다.

"이건, 제가 바벨론과 페르가몬에서 본 것의 혼합형이로군요."

아리오크가 말했다.

"혼합형이란?"

"아시다시피 광장 마술은 햇살과 바람과 착시 현상을 이용하여 기구와 장비를 사용해 군중을 속이는 것이지요. 바벨론에서 아폴로니우스는 깃발과 화폭과 상자 마술을 사용해 신체 이동을 연출했습니다."

"또 하나는?"

"페르가몬의 연극장에서는 마술사 하닷이 누에 노끈과 도르래와 권양기를 이용해 공중 날기를 보여 주었거든요."

티토스가 고개를 끄덕였다.

"아리오크가 파악한 것이 정확한 것 같군."

"적의 계획을 알면 그것을 깨는 것은 어렵지 않겠지요."

"물론이야."

그들이 시몬의 계획을 파악하고 있는 동안 마르코스와 아폴로스는 아리키아에서 찾아낸 친구 게메로스와 은밀하게 만나고 있었다. 그들 셋이 그렇게 다시 함께 만나는 것은 알렉산드리아에 폭동이 일어났을 때 그곳을 떠나 예루살렘에서 헤어진 후 23년 만이었다.

"게메로스, 그동안 파포스에 있었다지?"

아폴로스가 물었다.

"마르코스와는 16년 전 파포스에 왔을 때 한번 만났지."

이번에는 마르코스가 물었다.

"아이들은 잘 있어?"

"네가 왔다 간 후로 하나를 더 낳아서 셋이 되었어."

"이제는 우리 모두가 50살이 되었구나."

게메로스가 고개를 끄덕였다.

"그러게 말이야."

마르코스가 생각해 두었던 것을 그에게 말했다.

"게메로스, 사람이 자기가 평생 해 오던 것과 대번에 단절한다는 것은 쉬운 일이 아니야. 그러나 열심히 공부하고 연구해 오던 것들을 새로운 일의 도구로 쓸 수 있다면 그것은 더 좋은 일이 아니겠어?"

"그게 무슨 말이야?"

"너도 잘 아는 사울, 즉 파울루스는 비범한 학자였지만 그것을 떠나 예수 그리스도의 가르침을 전하는 일에 나섰어. 그러나 그가 이루었던 학문적 성과들을 내버린 것은 아니야. 오히려 진리를 왜곡하여 개인적 탐욕에 사용하고 있는 자들과 싸우고 진리를 회복하는 일에 사용하고 있거든."

"그게 나와 무슨 상관이야?"

"네가 그동안 강의하고 있던 기구학은 인간에게 편의와 유익을 줄 수 있는 학문이야. 그것을 마술 같은 사기와 속임수에 사용하지 않고, 세상의 발전과 인간의 자유를 위해 사용한다면 모두에게 좋지 않을까?"

아포로스도 옆에서 거들었다.

"피타고라스는 그의 수학을 악용하여 인간을 자신의 소유로 만들고 또 지배하려 했지. 그러나 내 아버지는 아르키메데스의 수학과 기구학을 응용하여 베네토의 개펄에 새 항만을 건설했어."

게메로스는 고개를 숙인 채 한참동안 생각에 잠겨 있었다. 같이 공부하던 두 친구가 모두 달라진 것에 그는 충격을 받은 것 같았다. 그가 크게 한숨을 쉬다가 다시 고개를 들더니 친구들을 바라보았다.

"지금, 너희들은 행복하냐?"

마르코스와 아폴로스가 고개를 끄덕였다.

"물론이지."

"내가 지금 어떻게 하면 되겠어?"

"자신에게 정직하면 되는 거야. 우리는 적어도 자식들에게 거짓된 삶을 물려 줄 수는 없지 않겠어?"

아폴로스가 그를 위로하듯 말했다.

"나사렛 예수가 가르친 것은 바로 정직하게 사는 것이었어. 우리가 자신에게 정직해지기만 하면 우리는 하나님의 자녀로 회복되고, 하나님께서는 우리가 무엇을 하고, 어떻게 살 것인가를 다 가르쳐 주시거든."

마르코스가 다시 말했다.

"네가 알다시피 마술사 시몬은 이번 안식일 정오에 게바, 곧 페트로스와 대결을 하자고 제의했어. 그 결과는 하나님께서 정하시겠지만, 게메로스 너에게는 어느 편에 설 것인가 결단할 수 있는 기회를 주신 거야."

두 친구의 말을 들으며 게메로스의 눈시울이 조금씩 젖어오고 있었다.

165
마르코스 요안네스

율리우스 광장에서 자칭 메시야라고 하는 마술사 시몬과 크리스티아누스의 수장인 페트로스가 대결한다는 소문이 모든 로마 시민들에게 퍼졌다. 정해진 시간이 안식일의 정오였으나 광장에는 아침부터 수많은 사람들이 모여들었다. 시민들뿐 아니라 황실의 귀족들과 고관들도 많이 나왔고, 소문으로는 광장의 탑 꼭대기에 황제와 포페아 황후도 나와서 지켜본다고 했다.

"페트로스의 본래 이름도 시몬이라며?"

"시몬과 시몬의 대결이로군."

시몬의 부하들이 관객의 위치를 통제하고 있는 동안 마르코스는 광장 주변을 면밀하게 살폈다. 바벨론에서 아폴로니우스가 했던 것처럼 광장에는 오색의 깃발들과 주변의 풍경을 모사한 화폭들이 펄럭거리고 있었다. 광장 양쪽에 서 있는 두 개의 탑 사이에는 투명한 누에 노끈이 연결되어 있었으나 시민들은 강한 햇살 때문에 그 사실을 알아채지 못하고 있었다.

"나왔다, 시몬 상쿠스가 나타났어."

검은 외투를 걸치고 나타난 시몬을 향해 시민들 속에 섞여 있던 시몬의 추종자들 곧 시모니아누스들이 환성을 질렀다.

"오, 위대한 능력자 시몬이여. 우리를 구원하소서."

"가장 큰 자 시몬이여, 승리하소서."

시몬은 두 손을 흔들어 시민들에게 답례하더니, 손에 든 지팡이를 돌리며 화려한 마술을 구사하기 시작했다. 아무것도 없는 그의 손에서 꽃이 피고, 오색의 비단이 줄줄이 나오고, 비단 속에서 비둘기 떼가 나와 하늘로 날아올랐다.

"여러분, 우리의 여신 헬레네입니다."

그가 뒤편의 깃발들을 가리키자 우아한 자태의 헬레네가 여신처럼 옷자락을 휘날리며 깃발 사이에서 나타났다. 사람들의 갈채를 받으며 등장한 헬레네가 시몬의 마술을 돕다가 갑자기 사리지기도 하고 또 나타나기도 했다. 시몬이 한참 그의 솜씨를 뽐내고 있을 때 흰색의 베게드를 걸친 페트로스가 광장에 들어섰다. 그는 천천히 시몬에게로 다가가고 있었다.

"저 사람이 페트로스야?"

"그가 본래 고기 잡는 어부였다며?"

시몬에게로 열 걸음 정도까지 다가간 페트로스가 걸음을 멈추고 그를 뚫어지게 바라보더니 말했다.

"언제까지 네가 거짓 속에서 꿈틀거릴 셈인가?"

시몬이 그를 가리키며 외쳤다.

"페트로스, 너 죽은 자의 제자가 어떻게 산 시몬과 싸우려느냐?"

그러나 페트로스는 조용히 그를 바라보고 있었다. 시몬이 더

욱 기세를 올려 큰 소리로 말했다.

"오늘, 여기 모인 모든 사람이 큰 일의 증인이 될 것이다."

이윽고 페트로스가 그를 향해 말했다.

"내가 세바스테에서 네게 한 말이 오늘 응하리라."

그 때였다. 갑자기 두 필의 말이 끄는 수레 한 대가 광장 안으로 들어서더니 곧장 시몬의 앞으로 달려가서 멈추었다. 그리고 수레에서 내린 사람이 누군가를 알아챈 시민들이 일제히 큰 소리로 떠들기 시작했다.

"아니, 저 사람은 시위대 장관이 아닌가?"

그는 시위대 장관 오포니우스 티겔리누스였던 것이다. 티겔리누스는 수레 안에서 사내 아이 하나를 안아 내렸다.

"위대하신 시몬 상쿠스, 제발 내 아들을 살려 주시오."

그것을 바라보고 있는 마르코스는 이미 시몬의 계획을 알고 있었다. 시몬은 당대 최고의 실세인 티겔리누스의 아들에게 일정 시간 동안 호흡이 멈추는 약을 먹여 놓고 그를 살려내는 장면을 연출하려 했던 것이다.

"장관이시여, 안심하십시오."

시몬은 두 팔을 벌려 과장된 동작으로 하늘의 영기를 모아 받는 듯 하더니 아이를 손으로 가리키며 소리쳤다.

"장관의 아들이여, 시몬의 이름으로 일어날지어다."

그러나 먹인 약의 분량이 잘못되었는지, 아이는 일어나지 않았다. 당황한 시몬이 다른 동작을 하며 시간을 끌었으나 아이는 여전히 꼼짝도 하지 않았다. 시몬은 하늘을 보았다. 이제 공중 날기를 할 시간인데 머리 위의 해가 더 기울면 탑 사이를 연결해 놓은 누에 노끈이 드러나게 되어 있었다.

"시몬의 이름으로 일어나라."

다급해진 그가 외투를 벗어던지며 외치더니 허리에 차고 있던 단검의 날로 자신의 팔뚝을 그었다. 베인 자리에서 붉은 피가 흘러나오자 사람들이 비명을 질렀다. 시몬이 자신의 팔에서 흘러나온 피를 손가락으로 찍어서 아이의 입에 흘려 넣었으나 아이는 여전히 움직이지 않았다. 티겔리누스와 함께 온 의사가 아이를 살펴보더니 고개를 저었다. 죽었다는 뜻이었다.

"이보시오, 시몬. 내 아들이 어떻게 된 거요?"

그 때 광장 안으로 들어온 티토스의 형제들이 달려들어 시몬이 벗어 놓은 외투 속에서 그가 마술을 위해 접어서 숨겨 놓은 물건들을 쏟아내기 시작했다. 지팡이와 꽃가루와 비둘기와 온갖 물건들이 다 쏟아져 나왔다.

"뭐야, 모두가 속임수였어?"

"마술이란 본래 사람을 속이는 거야."

사람들이 웅성거리고 있을 때 페트로스가 천천히 아이에게로 다가가더니 그의 위에 엎드렸다. 기도를 끝낸 페트로스가 일어나 아이를 향해 말했다.

"나사렛 예수 그리스도의 이름으로 일어나거라."

그러자 아이가 숨을 몰아쉬더니 눈을 뜨며 주위를 살폈다. 페트로스가 아이의 손을 잡아 일으켜 그 아버지에게 내주었다. 그것을 다 보고 있던 시민들이 환호하며 갈채를 보낼 때 페르토스가 티겔리누스에게 말했다.

"아이를 데려가시오."

그러자 티겔리누스가 페트로스 앞에 무릎을 꿇었다.

"선생님, 정말 감사합니다. 당신에게 진정한 능력이 있음을 알았습니다."

"나에게가 아니라 창조주 하나님께 감사하고 그분의 아들 예수 그리스도를 믿으시오. 그러면 당신과 당신의 집이 구원을 얻게 될 것입니다."

그 때 한 사람이 대낮인데도 등불 하나를 들고 페트로스에게로 다가갔다. 그는 마르코스였다. 마르코스는 품에서 두 개의 두루마리를 꺼냈다. 하나는 게메로스가 빼낸 피타고라스의 마술 비전이고 또 하나는 크레타 섬에 있었던 히람의 마법 비술이었다. 티토스가 마법의 책을 약품 처리하여 글자들을 살려냈으나 모두가 악령을 부리는 사악한 내용으로 밝혀졌다.

"로마의 형제들이여,"

페트로스가 두 개의 두루마리를 받아 양 손에 치켜들고 외쳤다.

"이 두 권은 마술사들이 여러분을 속이던 마술과 마법의 책들입니다. 오늘 나는 이 사악한 책들을 예수 그리스도의 이름으로 소각합니다."

그는 마르코스가 가져온 등불에 두 개의 두루마리를 갖다댔다. 옮겨 붙은 불이 두 책을 살라서 재가 되자 시몬이 미친 듯이 소리질렀다.

"여러분, 이 자는 죽은 예수의 이름으로 능력의 책들을 불살라 버렸소."

사람들이 시몬을 조롱하자 그가 부르짖었다.

"내가 이제 공중을 날아서 나의 능력을 입증할 것이오."

그러더니 갑자기 그가 사람들의 눈앞에서 사라졌다. 역시 깃발과 화폭들을 이용하는 신체 이동 마술이었다. 모두가 한참 동안을 어리둥절하고 있는 사이에 누군가가 하늘을 가리키며 소리쳤다.

"시몬이 날고 있다. 그가 날아오고 있어."

"맙소사, 시몬 마구스가 정말 공중에서 날아오고 있다."

사람들은 마치 꿈을 꾸고 있는 것 같았다. 조금 전 그들의 눈앞에서 사라졌던 시몬이 하늘에서 검은 옷자락을 펄럭거리며 날아오고 있었던 것이다. 그러나 시민들의 환호는 그리 오래 가지 못했다. 공중을 날던 시몬이 광장 가운데쯤에 이르렀을 때 갑자기 끈 떨어진 연처럼 아래로 추락했던 것이다.

"앗, 시몬이 떨어졌다."

"시몬의 능력이 날아가 버렸는가?"

그를 추종하는 시모니아누스들과 많은 사람들이 출입을 통제하는 시몬의 부하들을 떠밀며 그가 떨어진 곳으로 우르르 달려나갔다. 그들이 가서 보니 공중에서 떨어져 피투성이가 된 시몬의 몸뚱이가 꼼짝도 않은 채 땅바닥에 처박혀 있었다.

166
마르코스 요안네스

  로마 법정은 공중 날기를 하다가 추락하여 온 몸의 뼈가 다 부서진 마술사 시몬에 사기죄를 적용하여 타라키나로 추방했다. 타라키나의 한 의사가 그의 뼈를 이리 저리 맞추어 보려고 했으나 그가 절명할 때까지 아무것도 할 수가 없었다. 오직 네로 황제만이 그의 실패와 죽음을 안타까워했다.
  "시몬, 너의 재주가 아깝구나."
  그 해에 파울루스는 2년의 연금 기간을 끝내고 석방되었다. 페트로스와 파울루스의 활동으로 모든 계층의 로마 사람들이 나사렛 예수를 믿고 세례를 받았다. 날로 인구가 많아지는 베네토의 교회는 요셉이 이끌었고, 알렉산드리아에서 베네토로 온 엘마고라스는 아킬레아 교회의 책임자가 되었다.
  "약속을 지키시는 주님."
  마르코스는 그가 지니고 있던 카타 마르콘의 마지막 사본을 꺼내어 그 마지막 장을 펼쳤다. 그리그 그 말미에 한 구절을 더 추가했다.

"제자들이 모두 나가서 복음을 전파할 때 주님께서 함께 역사하시고, 그 따르는 표적으로"

그는 미소를 지으며 마지막 결론의 문장을 적어 넣었다.

"이렇게 확실히 증명하셨다."

그가 적기를 마쳤을 때 페트로스가 그를 불렀다.

"마르코스."

"말씀하세요, 파파."

"이제 로마와 안티움 그리고 베네토의 교회가 모두 든든하게 서 가고 있으니, 자네는 이곳을 나와 파울루스에게 맡겨 놓고, 알렉산드리아로 가서 그곳의 교회를 키우고 돌보는 것이 어떻겠나?"

"알겠습니다, 파파."

그는 이제 더 이상 도망치지 않기로 했다. 페트로스의 권고를 받아 알렉산드리아로 돌아간 그는 이드란 상회의 일을 아레스에게 맡겨 놓고, 자신은 아니아노스를 도와 병든 자와 가난한 자들을 보살피며 알렉산드리아뿐 아니라 그 주변 지역의 애굽인들과 헬라인들을 전도하는데 온 힘을 쏟기 시작했다.

"주여, 이제야 저에게 자유를 주셨군요."

그러나 세상의 평안은 그리 오래 가지 않았다. 로마에서 페트로스와 시몬의 대결이 있었던 그 이듬해에 로마에서 큰 화재가 일어난 것이다. 팔라티누스 지역의 대경기장 상가에서 시작된 불길은 삽시간에 로마 전 지역으로 번졌다. 질서 있게 행동한 크리스티아누스들은 대부분 화재 현장을 빠져 나왔으나 많은 로마 시민이 죽고 로마 시가는 잿더미가 되었다.

"트로이여 불에 타거라, 남김 없이 타올라라."

당시 안티움의 별장에 나가 있던 네로 황제는 불타는 로마를 바라보며 노래를 불렀다. 그 일로 인해 황제가 고의로 로마에 불을 질렀다는 소문들이 나돌기 시작했다. 네로 황제는 로마에 황금 궁전을 건축하고 싶어서 카피톨리누스의 많은 건물들을 철거하는 집념에 늘 사로잡혀 있었던 것이다.

"의심스러운 일이 한 두 가지가 아니군."

아레스에게서 화재 소식을 전해 들으며 마르코스가 고개를 갸웃거렸다.

"화재 당시 네로가 안티움에 가 있었다는 것도 그렇고."

"그뿐이 아닙니다. 지금까지 로마에서 발생한 화재는 대부분 빈민 지역인 바티카누스에서 발생했는데 이번에는 팔라티누스 지역에서 시작되었다는 것부터가 이상하거든요."

"문제는,"

마르코스의 미간에 주름이 접혔다.

"네로가 화재의 책임을 전가할 희생양이 필요하게 된 거야."

그의 예감은 적중했다. 네로는 마침 세력이 점점 커지고 있는 크리스티아누스를 희생양으로 삼았다. 사방에서 크리스티아누스 검거 선풍이 시작되고, 크리스티아누스라면 무조건 색출해서 취조하는 사태가 벌어졌다. 이때부터 크리스티아누스의 활동은 그늘 속에서 은밀하게 이루어졌고, 지하 묘지에 숨어서 집회를 할 수 밖에 없는 상황에 이르게 된 것이었다.

마르코스 요안네스

"예루살렘의 상황도 최악인 것 같습니다."

알렉산드리아를 떠나 펜타폴리스 쪽에서 병자들을 돌보고 있던 마르코스에게 아레스가 찾아와서 보고했다.

"게시우스 플로루스가 총독으로 부임했다며?"

플로루스의 아내는 황후 포페아와 친밀한 사이였다. 아내 덕분에 유대 총독으로 가게 된 플로루스는 부임하자마자 우선 자신의 이권을 챙기는 데 바빴다. 날마다 각 지역의 세리장들을 불러 증세를 요구했고, 심지어는 강도들과도 손을 잡아 부자들의 금품을 털고 있었다.

"유대인들이 또 가만히 있지 못하겠군."

"플로루스의 기세가 워낙 강해서 숨을 죽이고 있던 유대인들이 수리아 총독 케스티우스 갈루스가 유대를 방문했을 때 플로루스 총독을 탄핵했답니다."

"수리아 총독의 반응은?"

"플로루스 총독에게 잘 하라고만 이르고 돌아갔다는군요."

"예루살렘에 불길한 바람이 불고 있어."

"로마는 또 로마대로 그렇고."

"왜?"

"은퇴해 있던 세네카가 자살을 했답니다. 포페아의 측근들이 그가 반역 음모에 가담했다고 몰아댔던 거죠."

"황후 자신도 결국 그 길을 따라가게 될 거야."

세네카 자살한 다음 해에 뱃놀이를 하던 포페아는 배가 뒤집혀서 익사했다. 네로 황제의 밀명을 받은 사공이 그녀의 배를 흔들어 뒤집었다고 했다. 그 해에 네로는 많은 인재들을 처형했다. 철학자 패투스 드라세아, 바레아 소라누스 등이 모두 네로의 명령으로 처형당했다. 그리고 바로 그 해에 유대에서 반란이 일어났다. 아레스의 보고를 듣고 마르코스가 물었다.

"주동자가 누구래?"

"갈릴리 유다의 아들 므나헴이랍니다."

그들 형제 중 야메스와 시몬은 이미 티베리우스 알렉산더가 총독으로 있을 때 처형되었으나 므나헴이 아직 남아 있었던 것이다.

"반란의 원인은?"

"이상한 데서 시작이 되었지요. 카이사랴의 유대인 회당이 헬라인의 땅에 인접해 있었는데 그 헬라인이 새 건물을 지으면서 회당의 통로를 너무 좁게 남겨 놓아 분쟁이 일어났던 모양입니다."

"그래서?"

"유대인 대표들이 뇌물을 좋아하는 플로루스 총독에게 8달란

트의 뇌물을 주며 이 문제를 해결해 달라고 부탁했는데, 그가 뇌물만 받아먹고 아무런 조치도 하지 않은 채 세바스테로 가버렸다는 것입니다."

"고의로 그런 거야?"

"애초부터 플로루스 총독은 유대인들을 약올려 반란을 일으키게 유인하고 있었던 거죠. 반란이 일어나면 자신의 부정이 정당화되니까요."

"그래서 유대인들은?"

"유대인들은 카이사랴를 떠나 나르바타로 철수했고, 예루살렘에서 이 소식을 듣고 분개한 자들이 또 폭동을 일으켰는데 마침 유월절 기간이어서 예루살렘에는 약 3백만 명의 유대인이 모여 있었다고 합니다."

마르코스가 눈을 크게 뜨며 놀랐다.

"평소보다 훨씬 많이 모였군."

"바로 그 때 기회를 노리고 있던 플로루스 총독이 군대를 이끌고 예루살렘을 공격했던 거죠. 대제사장의 아들 엘르아살이 반란을 이끌었고, 마사다 요새의 무기고를 수중에 넣은 므나헴이 달려와서 가세를 한 것입니다."

"반란군의 전력은 어느 정도라던가?"

"이번에는 기세가 대단한 모양입니다. 이미 예루살렘을 완전히 장악했고, 그 외에도 주변의 여러 요새들을 점령했답니다."

"로마 쪽의 대응은?"

"수리아의 갈루스 총독이 풀미나타 군단을 이끌고 안티파트리스까지 들어왔답니다. 그러나 로마의 네로 황제는 베스파시아누스 장군을 토벌 사령관으로 임명하고 헬라로 유유히 여행을 떠나버렸다는군요."

그 때 로마에 가 있던 아리오크가 마르코스를 찾아왔다.

"어쩐 일이냐, 아리오크?"

"파울루스 선생님이 다시 체포되었습니다."

"뭐라고?"

"그동안 은밀하게 다니셨는데 그만 발각이 되었습니다."

"페트로스 님은?"

"일단 로마를 빠져나가셨습니다."

마르코스 요안네스

　로마와 예루살렘의 상황이 급박해지자 펜타폴리스에 가 있던 마르코스는 다시 알렉산드리아로 돌아왔다. 그동안 안티오키아 지점에 다녀온 아리오크가 티모데오스와 사도 요한에 관계된 일을 그에게 보고했다.
　"옥중에 계시는 파울루스 선생님이 에페소스에 가 있던 티모데오스에게 편지를 보내신 모양입니다."
　"뭐라고 쓰셨다더냐?"
　"크레스케스는 갈리아로 돌아갔고, 티토스도 달마티아로 갔기 때문에 루카스만 로마에 남아 있는데, 투키코스를 에페소스로 보낼 테니 너는 빨리 내게로 왔으면 좋겠다고 적혀 있었답니다."
　"그래서?"
　"티모데오스의 판단으로는 투키코스 혼자 에페소스의 일을 감당하기 어려울 것 같아서 로도스 섬에 계시는 요한 사도를 찾아간 모양입니다. 그의 부탁을 받은 요한 사도께서 에페소스로 가시겠다고 승낙하셨답니다."
　"그럼 마리아님은 어떻게 하고?"
　"노령이시지만 에페소스로 모시고 간답니다."

"다행이로구나."

그러나 아리오크의 안색이 아무래도 좀 밝지 못했다.

"그런데, 아버지. 저는 파울루스님의 편지 내용이 좀 마음에 걸리네요."

"어떤 내용이?"

"이런 말씀이 있었답니다. 제단의 포도주 같이 내가 벌써 부어지고, 나의 떠날 시각이 가까웠구나. 나는 선한 싸움을 싸우고, 나의 달려갈 길을 마쳤고, 믿음을 지켰으니 의로우신 재판장께서 내게 주실 의의 면류관이 예비되어 있다."

"그런 말씀을?"

그것을 전해 들은 마르코스의 마음도 무거워지고 있었다.

"그리고 참, 아버지에 대한 언급도 있었답니다."

"내게 대해서는 뭐라고 하셨는데?"

"네가 올 때에 마르코스를 데리고 오라, 그가 나의 일에 유익하기 때문이다."

"뭐라고?"

마르코스가 벌떡 일어섰다.

"티모데오스는 아버지가 멀리 계셔서 연락을 못한 것 같군요."

그는 즉시 아레스와 다브네스를 불러 로마로 갈 선편을 예약하라고 지시한 다음 출장 준비를 서둘렀다. 그러나 마르코스는 결국 로마로 가지 못했다. 그가 급히 준비를 하고 로마 행의 배에 오르려 할 때에 그 배에서 내린 사람이 파울루스의 소식을 그에게 전했던 것이다.

"파울루스 선생님이 로마에서 참수되셨습니다."

마르코스 요안네스

　로마에서 들어오는 비보는 파울루스의 죽음으로 그치지 않았다. 로마를 빠져나간 것으로 알려져 있던 페트로스는 무슨 까닭인지 다시 로마로 돌아와 체포되었고, 파울루스가 참수된 이듬해에 바티카누스의 언덕에서 십자가에 거꾸로 달려 최후를 맞았다. 마르코스가 그를 기억하며 기도했다.
　"주님께서 파파를 기다리고 계셨군요."
　페트로스가 처형당한 그 해에 로마의 각 속주에서 잇달아 반란이 일어났다. 특히 스파니아의 세르비우스 갈바가 반란을 일으켰을 때 황제의 시위대는 갈바를 지지한다고 선언했다. 궁지에 몰린 황제 네로는 그 해 6월 9일에, 31살의 나이로 자살하면서 유명한 한 마디를 남겼다.
　"내 안에서 한 예술가가 죽는구나.(Qualis artifex pereo)"
　세르비우스 갈바가 황제의 자리에 올랐을 때 유대 반란군 토벌사령관 베스파시아누스 장군은 갈릴리부터 장악한 후 남진하는 우회 전략을 폈다. 그는 예루살렘만 남겨 두고 주변의 베뢰아, 안티파트리스, 룻다, 엠마오와 남쪽의 이두매 지역까지를 모두 점령했다. 예루살렘은 완전히 로마군에 포위되어 있었고, 그곳에서 가장 절박한 것은 식량의 문제였다.

"평소보다 배나 많은 3백만 명이 예루살렘에 갇힌 셈이지요."

아레스가 한숨을 쉬며 말했다.

"베다니 사람들은 어떻게 되었을까?"

"그들이 피신한 베뢰아 지역도 로마군에 점령되기는 했지만 일단 예루살렘을 빠져나갔기 때문에 굶어 죽는 것만은 면했을 겁니다."

긴박한 상황은 예루살렘뿐만이 아니었다. 파울루스와 페트로스의 순교 이후로 잇달아 사도들의 순교 소식이 전해졌다. 흑해 연안의 다키아 지방에서 전도하던 안드레는 형의 소식을 듣고 남쪽으로 내려오다가 아카야 지방 파트라스에서 체포되어 ×형 십자가에 못박혔고, 마르코스의 외삼촌 바나바는 키프로스의 살라미스에서 유대인들의 돌에 맞아 희생되었다.

"주여, 이제 모두 다 불러들이시는 때입니까?"

잇단 순교 소식에 마르코스는 하늘을 바라볼 수밖에 없었다. 그 이후로도 사도 다대오가 페르시아에서 순교했고, 열심당 출신의 시몬은 파르티아에서 전도하다가 톱에 썰려 희생되었으며, 아르메니아에서 전도하던 나다나엘은 가죽이 다 벗겨진 채 십자가에 달렸다고 했다.

170

마르코스 요안네스

　네로의 자살로 황제가 된 갈바는 다음 해에 다시 나타난 시위대에 살해당했다. 시위대는 네로에게 아내 포페아를 빼앗겼던 오토를 새 황제로 추대했다. 그러나 오토는 다시 비텔리우스에게 축출되었고, 비텔리우스는 유대 반란을 성공적으로 진압하고 있는 베스파시아누스에게 밀려났다. 황제로 추대된 그는 아들 티투스에게 예루살렘 점령을 맡겨 놓고 로마로 돌아갔다.
　"티투스가 마침내 예루살렘에 입성했답니다."
　나사렛 예수가 고난을 당한 지 40년째 되는 해였다. 예루살렘 사람들은 이미 식량이 떨어진지 오래 되어 서로의 아이들을 바꿔서 구워 먹을 정도였다. 많은 백성들이 이미 굶어 죽어 티투스는 무혈입성을 한 것과 같았다.
　"로마 군대가 들어갔을 때 굶어 죽은 사람이 백 십만 명이나 되었답니다. 살아 움직일 수 있는 사람들은 개선 행진에 끌려 나갔고, 17세 미만인 자는 노예로 팔렸는데 그 숫자가 무려 9만 명이었다고 합니다."

아레스의 말을 들으며 마르코스는 그냥 고개를 끄덕일 수밖에 없었다.

"주님의 날이 가까워 오고 있는 거야."

"티투스 장군은 로마군 병사들 사이에 예루살렘 성전의 돌 사이에는 금이 들어 있다고 소문을 퍼뜨렸답니다. 그 말을 듣고 병사들이 금을 찾기 위해 무너진 성전의 돌들을 망치로 모조리 부수고 있답니다."

마르코스는 또 고개를 끄덕이며 눈시울을 붉혔다. 그의 이름 마르코스가 망치를 의미하기 때문이었다.

"돌 위에 돌 하나도 남지 않으리라고 하셨어."

예루살렘이 그렇게 멸망하고 있을 때 마르코스는 시내에서 조금 떨어진 해안의 언덕에 교회 건물을 신축하고 있었다. 알렉산드리아에 믿는 자들의 수가 많아졌기 때문이었다. 그곳이 한 때 도살장으로 사용되었던 장소여서 그 땅의 이름은 도살장을 의미하는 북쿠리였다. 시내의 교회에서 부활절 예배를 드리고 있을 때 유대인 폭도들이 몰려와 마르코스를 잡았다.

"나사렛 이단들 때문에 예루살렘이 멸망당했다."

그들은 예루살렘이 파괴된 책임을 성전이 무너질 것을 예고한 나사렛 예수와 거기서 유대인들을 옮겨가게 한 마르코스에게 전가하려 했다.

"반역자를 죽여라."

그들은 마르코스의 목에 밧줄을 감아 땅바닥에 끌면서 거리를 돌아다녔다. 옷이 찢기고 그의 몸에서 떨어져 나온 살점들이 지면에 달라붙어 그의 피로 길바닥이 붉게 물들었다. 마르코스는 말라붙은 입술을 달싹이며 중얼거렸다.

"주여, 이제는 결코 도망치지 않을 것입니다."

폭도들이 다시 소리를 질렀다.

"북쿠리로 끌고 가자."

폭도들은 피투성이가 된 마르코스를 해안의 북쿠리 언덕으로 끌고 갔다. 교회 건물이 신축되고 있는 언덕에 도착한 그들은 마르코스를 땅 바닥에 엎어 놓았다. 그 가 두 팔을 벌리며 엎드러지자 누군가가 외쳤다.

"네가 그러고 있으니 너희들이 좋아하는 십자가 모양이 저절로 되었구나. 우리가 그 모양대로 못을 박아 주리라."

폭도들은 엎드러져 있는 마르코스의 손과 발에 대못을 박았다. 큰 못들이 손과 발을 뚫고 땅바닥에 깊숙이 박혔다. 아니아노스, 아레스, 다브네스가 따라온 크리스티아누스들과 함께 달려들어 폭도들을 밀치고 마르코스를 구해내려 했으나, 칼과 도끼로 무장한 폭도들이 에워싸고 그들을 막았다.

"주여, 이제야 주를 뵈옵니다."

그는 이슬비처럼 내리는 음성을 들었다.

"마르코스, 두려워하지 말라. 내가 지금 너와 함께 있느니라."

"저의 영혼을 주님께 맡깁니다."

그의 피가 스며들면서 엎드러져 있는 땅이 갑자기 따스해지기 시작했다. 그것은 자신을 받아 안고 있는 창조주의 품이었고, 40년 전 그와 함께 감람산을 향해 걸어가던 나사렛 예수의 품이기도 했다. 그는 자신의 몸을 쓰다듬고 감싸 주는 포근한 사랑의 노래를 듣고 있었다.

마르코스 요안네스

　나사렛 예수의 제자들 중에서 가장 오래 살아 남은 자는 사도 요한이었다. 예수의 모친 마리아가 에페소스에서 세상을 떠난 후에도 그는 오랫동안 그곳에서 마술사 시몬이 뿌려 놓은 이단들과 싸우며 소중한 사도들의 글을 모았다. 그가 모은 글들은 프로스 에브라이우스, 프로스 로메우스를 비롯하여 파울루스가 갈라티아와 코린도스, 데살로니케 교회에 보낸 서신의 사본들이었다.
　"카타 요안넨, 요한에 의한 복음서가 나오도록 기도하겠습니다."
　마르코스가 찾아와 했던 말이 요한의 가슴 속에 오래 남아 있었다. 그는 파울루스가 티모데오스와 티토스, 필레몬 등에게 보낸 편지와 옥중에서 필립포이, 에페소스, 콜로사이 교회에 보낸 서신 그리고 마르코스가 받아 쓴 페트로스의 첫 번째 편지와 그가 로마에서 잡히기 전에 썼던 두 번째 서신, 야고보의 마지막 글과 그 아우 유다가 베네토에서 쓴 글도 모았다.

"능히 여러분을 보호하사 거침이 없게 하시고, 여러분으로 그 영광 앞에 흠 없이 기쁨으로 서게 하실 분, 곧 우리의 구주시며 홀로 하나이신 하나님께 우리 주님 예수 그리스도로 말미암아 영광과 위엄과 권력과 권세가 영원 전부터 이제와 또 세세에 이르도록 항상 있을 것입니다."

예수의 아우 유다가 쓴 짧은 글의 그 마지막 부분을 읽으며 요한은 눈물을 닦아냈다. 그러는 동안에도 사도들의 순교 소식은 계속되었다. 도마는 힌두스 땅의 마드라스에서 네 개의 창에 찔려 십자가의 형상이 되었고, 사도 빌립은 스쿠디아에서, 마태오스는 에티오피아에서 희생되었다. 그리고 요한은 도미티아누스 황제의 시대에 잡혀 파트모스 섬에 유배되었다.

"네가 본 것과 이제 있는 일과 장차 될 일을 기록하라."

요한은 파트모스 섬에서 예수 그리스도가 보여 준 내용들을 기록해 지니고 에페소스로 돌아왔다. 그가 돌아왔을 때 의사 루카스의 제자들이 아카야 지방에서 숨진 루카스의 시신을 그의 유언대로 에페소스에 옮겨 매장한 후 요한을 찾아왔다. 그들은 루카스가 남긴 또 하나의 책을 요한에게 전했다.

「프락세이스 아포스톨론」

나사렛 예수가 승천한 후 마르코스의 집에서 있었던 성령 강림 사건에서부터 파울루스가 잡혀 로마에 도착할 때까지의 일을 기록한 것이었다. 그것을 다 읽고 나서 요한이 길게 숨을 들이쉬며 혼자 말했다.

"이제는 내 차례가 되었구나."

요한은 마침내 붓을 들고 카타 요안넨을 쓰기 시작했다.

"태초에 말씀이 계셨습니다."

그렇게 시작된 카타 요안넨은 마르코스, 마태오스 그리고 루카스가 기록한 내용에서 빠져 있는 부분들을 다 기록했다.

"이 일들을 증언하고 기록한 제자가 이 사람입니다. 그의 증언이 참된 것을 모두가 알 것입니다. 예수께서 행하신 일들이 이 외에도 많아서 만일 낱낱이 기록된다면 이 세상이라도 그 책을 두기에 부족할 줄로 압니다."

마침내 요한은 카타 요안넨의 마지막 부분을 기록하고 숨을 거두었다. 나사렛 예수가 부활하고 65년이 지난 후였다. 다시 302년의 세월이 더 지난 후 카르타고에서 열린 공회에서 요한이 모아 놓은 사도들의 서신과 마르코스, 마태오스, 루카스 그리고 요한이 기록한 네 복음서에 파트모스에서 요한이 기록한 계시록과 그의 서신 셋을 추가하여 정경(正經)이 확정되었다.

마르코스 요안네스

　예루살렘이 멸망하고 400년이 지났을 때, 베네치아의 상인들 몇 명이 배를 타고 알렉산드리아로 건너갔다. 그들은 북쿠리 교회의 두 책임자를 만나서 그들이 찾아온 목적을 말했다.
　"마르코스님의 유체를 베네치아로 옮겨가게 허락해 주십시오."
　처음에는 북쿠리 교회가 강력하게 반대했으나 베네치아 상인들은 교회에 거액의 헌금을 내기로 약속하여 그 승낙을 받아냈다. 그들이 교회의 경내에 매장되어 있던 마르코스의 유체를 무덤에서 꺼낼 때 알렉산드리아의 모든 지역에 향기가 가득했다. 마르코스의 유체를 소원대로 옮겨간 베네치아 시민들은 그곳에 마르코스를 기념하는 아름답고 웅장한 교회를 건축했다.
　후일의 교회는 네 복음서의 저자를 선지자 에스겔이 환상으로 보았던 네 생물에 비유했다. 하나님의 보좌를 호위하는 네 생물은 천사와 사자, 그리고 소와 독수리였는데 마태오스는 천사, 마르코스는 사자, 루카스는 소 그리고 요한은 독수리에 비유되었다. 에페소스 교회는 항구에서 시내로 들어가는 대로에 복음서를 기록한 네 저자의 상을 세워 그들을 치하했다.

로마 교회는 성 마르코스의 축일을 4월 25일로 정했는데, 이는 본래 로마의 곡물신 비구스에게 풍작을 기원하는 농사제의 날이었다. 곡물 교역으로 구제에 힘을 썼던 그는 농민들의 수호 성자가 되었다. 뿐만 아니라 유리 세공업자, 금속 공예업자, 가죽제품 업자와 건축 노동자들의 수호 성자가 되었고, 또 각종 병을 예방해 주는 성인으로도 추앙을 받고 있다.

(끝)

쓰고나서

나를 잡아 마르코스 요안네스에 몰입하도록 만들고, 그와 함께 엄청난 모험 속으로 나를 던져 넣으신 분은 틀림없이 하나님 그분이셨다. 성경의 이곳저곳에서 마르코스 요안네스에 대해 호기심을 갖게 되고, 자료를 조사할 때만 해도 그에 관한 몇 가지 특징들을 찾아내고 있을 정도였다.

성경에 보면 그는 일단 과부의 외아들이었다. 내가 예루살렘에서 본 그의 집이나 꽤 큰 다락방의 규모로 보면 그의 부친이 제법 많은 재산을 물려주고 일찍 죽은 것 같았다. 그가 겟세마네에서 도망친 것이나, 전도 여행을 포기한 것은 실리적이 아닌 일에 흥미가 없는 그의 성품을 나타낸다.

마르코스가 쓴 복음서의 문장도 다른 세 복음서와는 달리 매우 실리적이다. 물론 내용을 불러준 페트로스의 직선적인 성품도 반영이 되었겠지만 그의 문장은 일체의 추측이나 가정을 허용하지 않는다. 페트로스가 직접 듣고 본 사실들만을 기록했다. 그러나 내가 놀란 것은 마지막 구절이었다.

"제자들이 나가 두루 전파할 새 주께서 함께 역사하사 그 따르는 표적으로 말씀을 확실히 증거하시니라"(막 16:20).

마르코스라는 이름은 망치를 의미한다. 그가 쓴 카타 마르콘의 마지막 구절은 마치 공대 출신인 내 머리를 망치로 세게 때리는 것 같았다.

"이렇게 확실히 증명하였다."

그것은 수학자 유클리드가 증명의 말미에 사용하는 말이었고 오늘날 까지도 모든 수학자들이 사용하는 문장이었다. 거기서부터 시작하여 이 방대한 블록버스터에 매달리기 시작했으나 계속되는 강의 일정과 복잡한 교회 일 때문에 소설의 진도는 1년 가까이 제 속도를 내지 못하고 있었다.

그러던 중 내가 이 소설의 배경 답사를 위해 터키, 그리스 여행을 마치고 돌아와 다시 틈틈이 시간을 내어 소설을 쓰고 있던 어느 날 나는 집에서 어이 없이 넘어져 발목에 골절상을 입고 깁스를 하게 되었다. 어쩔 수 없이 모든 일정을 취소하고, 30년 동안 꼬박 다녔던 새벽 기도까지 포기한 채 소설 쓰기에만 매달렸다. 그리고 마침내 깁스를 푸는 날에 나는 A4 480매, 3권 분량의 장편소설 '마르코스 요안네스'를 탈고한 것이다.

"너희 안에서 행하시는 이는 하나님이시니 자기의 기쁘신 뜻을 위하여 너희에게 소원을 두고 행하게 하시나니"(빌 2:13)

언제나 그렇지만 나는 소설 속에서 그분과 동행한 것에 감격하고 감사한다. 그러나 이번처럼 그분과의 눈물겨운 동행은 새삼스럽게 또 처음이었던 것처럼 느껴진다. 이런 내 감격이 여러분에게도 전달되기를 바란다.

김 성 일